Reinhard Mohn

Erfolg durch Partnerschaft

Reinhard Mohn

Erfolg durch Partnerschaft

Eine Unternehmensstrategie für den Menschen

im
Siedler Verlag

I.

Vorwort

Die Bedeutung von gesellschaftspolitischen und wirtschaftlichen Strukturen

Ein Rückblick auf die geistigen, politischen und wirtschaftlichen Entwicklungen unseres Jahrhunderts macht deutlich, daß der Wandel zu einem Charakteristikum unserer Zeit geworden ist. Mehr Wissen, intensiver Wettbewerb und höhere Ansprüche der Menschen haben eine Evolutionsgeschwindigkeit ausgelöst, die in früheren Jahrhunderten unbekannt war. Mit dieser Evolution Schritt zu halten, ist zu einer großen Herausforderung für die Menschheit geworden. Von der Befähigung, die sich uns stellende Aufgabe zu bewältigen, werden die Sicherheit und der Lebensstandard der Völker abhängen. Wer glaubt, sich dem globalen Wettbewerb der Systeme und der konkurrierenden Leistungsfähigkeit entziehen zu können, wird ins Abseits der Entwicklung geraten. Die betroffenen Völker werden sich in der Folge mit einem verringerten Freiheitsspielraum und Lebensstandard zufriedengeben müssen.

Die Entwicklungsgeschwindigkeit in den verschiedenen Lebensbereichen ist in unserer Zeit unterschiedlich. Sie hängt wesentlich ab von der Befähigung der Ordnungssysteme, Evolutionen auszulösen und zu gestalten. Dieser Prozeß wird gefördert durch den Wettbewerb der Leistungen. Wo Fehlverhalten und Stagnation nicht durch harte Sanktionen korrigiert werden, hat die Evolution keine Chance. Zur Verdeutlichung dieser Auffassung sei auf die geistige, politische und wirtschaftliche Situation in Monopolstrukturen hingewiesen. Gerade in unserer Zeit muß deutlich sein, daß Flexibilität und menschengerechte Weiterentwicklung der Ordnungssysteme eine Prämisse der Existenz geworden sind.

Die Menschen erfassen diese Abhängigkeiten nur undeutlich. Ihre Unzufriedenheit richtet sich in erster Linie gegen die Relikte überholter Strukturen. Sie zweifeln an der Kompetenz der politischen Führung und staatlichen Verwaltung. Sie beklagen den geringen Spielraum der Selbstverwirklichung in der Welt der Arbeit. Die frühere religiöse und ethische Orientierung des Menschen ist einem geistigen Vakuum gewichen. So wächst der Zweifel, ob der Fortschritt und die vielerlei neuen Erkenntnisse und Möglichkeiten unserer Zeitepoche wirklich zu einem menschenwürdigeren Leben führen. Für diese Situationsanalyse will ich nachstehend einige Beispiele aufführen.

Mit Recht sind wir stolz auf unseren demokratischen Staat. Dieses politische Ordnungssystem entspricht dem Staatsverständnis des heutigen Menschen. Gleichzeitig und auch mit gutem Grund tadeln wir aber die mangelnde Leistungsfähigkeit der demokratischen Gesellschaftsordnung. Weil in der Politik nicht konsequent, qualifiziert und vorausschauend gehandelt wird, können viele Aufgabenstellungen nicht angemessen gelöst und Fehlentwicklungen nicht verhindert werden. Ist aber dieser Tatbestand wirklich ein unvermeidliches Resultat demokratischer Ordnung? Sollten wir nicht die Frage aufwerfen, ob ein verbessertes, weiterentwikkeltes Demokratieverständnis zu befriedigenderen Leistungen führen könnte? Sind die Staatsverschuldung, der Mangel systematischer Personalarbeit im Führungsbereich, eine antiquierte Führungstechnik und die Bürokratie der staatlichen Verwaltung wirklich systemimmanente Bestandteile der Demokratie?

Für mich gibt es auf solche Fragen eine klare Antwort: Die Demokratie kann und muß weiterentwikkelt werden. Kein Ordnungssystem darf beanspruchen, sakrosankt oder endgültig zu sein. Es muß seine Zielsetzungen ebenso wie seine Resultate hinterfragen lassen. Das gilt auch für den demokratischen Staat. Gewiß werden dann Gewohnheiten in Frage gestellt, keineswegs aber die demokratische Ordnung. Im Gegenteil: Die Erhaltung unserer demokratischen Gesellschaftsordnung hat den systemkritischen Dialog zur Voraussetzung.

Ein gleichartiger Besinnungsprozeß erscheint mir auch erforderlich in bezug auf das sicherlich richtige Streben des Menschen nach Selbstverwirklichung. Der heutige Mangel an ethischer Orientierung zeitigt an dieser Stelle verhängnisvolle Mißverständnisse und Folgen. Selbstverwirklichung wird allzu oft als isolierte Durchsetzung eigener Interessen verstanden. Die natürliche Abhängigkeit des einzelnen von der Gemeinschaft glaubt man vernachlässigen zu können. Die Resultate einer solchen Lebensorientierung beobachten wir täglich in Form zunehmender Egozentrik und gemeinschaftsfeindlichen Egoismus. Alle Sonntagsreden können nicht darüber hinwegtäuschen, daß die Rücksichtslosigkeit in unserer Zeit ebenso zunimmt wie menschliche Isolierung und Enttäuschung. Daß Gemeinschaft halten dem Wesen des Menschen gemäß ist und damit seinem Ziel der Selbstverwirklichung entspricht, wird nicht erfaßt. Dann kann es nicht verwundern, wenn viele Menschen es ablehnen, die Gesetze der Gemeinschaft aktiv und passiv zu befolgen. Wir wollen der Gemeinschaft nicht wieder einen überhöhten Rang zuweisen, aber man muß doch begreifen, daß Selbstverwirklichung und menschliche Gemeinschaft einander bedingen. – Wo ist aber die Instanz, welche diese Erkenntnis durchsetzt? Ist es das Elternhaus, die Schule, die Kirche, oder sind es die Politiker? Glauben wir wirklich, daß junge Menschen ihre Lebensorientierung und insbesondere ihre Gemeinschaftsbindung ganz auf sich allein gestellt finden können? Sollten wir wirklich auf eine ethische und philosophische Orientierungshilfe verzichten?

Wirtschaft und Staat liefern für den Einfluß sachgerechter Ordnungssysteme besonders anschauliche Beispiele. In der Wirtschaft haben sich die Voraussetzungen der Tätigkeit in einem Jahrhundert entscheidend verändert. Umfang und Schwierigkeitsgrad der Aufgabenstellung sind mit früheren Verhältnissen kaum noch vergleichbar. Ein unbarmherziger internationaler Wettbewerb sorgt für die Evolution der Arbeitsverfahren und der Ordnungssysteme. In schneller Folge sind hier beachtliche Fortschritte gemacht worden. – Im Bereich der staatlichen Zuständigkeit ist die Fülle der Aufgaben in gleicher Weise gewachsen. Hier aber gibt es kaum Sanktionen für Fehlverhalten, und da auch noch der Wettbewerb fehlt, bleiben die notwendigen Systementwicklungen aus. So hat die Ineffizienz unseres Staates bereits unglaubliche Dimensionen angenommen. Die Unzufriedenheit der Bürger unseres Staates hat wahrhaftig gute Gründe. Viele Elemente staatlicher Führungs- und Verwaltungspraxis entstammen dem vorigen Jahrhundert. So richtig und fortschrittlich sie damals waren, so unbrauchbar sind sie heute. Ihre Auswirkungen stellen eine schwere Belastung für das Staatsverständnis des demokratischen Bürgers dar. Wenn aus dieser Situation nicht in absehbarer Zeit Konsequenzen gezogen werden, wächst die Gefahr, daß die Glaubwürdigkeit des demokratischen Ordnungssystems in Frage gestellt wird.

Um es ins Allgemeine zu wenden: Ich möchte herausstellen, daß die Befähigung zur Evolution von Ordnungssystemen in unserer Zeit entscheidend für den Erfolg ist. Es ist bedauerlich, daß diese Tatsache weithin nicht erfaßt wird. Die Unbeweglichkeit unseres Denkens und das Festhalten an Gewohnheiten beschwören Versagen und Gefahr herauf. Das gilt für alle Bereiche unserer Kultur. – Dieses Buch will sich vorrangig mit den Ordnungsstrukturen im Bereich eines Wirtschaftsunternehmens befassen. Die vom Staat gesetzten und einflußnehmenden Rahmenbedingungen, die Aufgaben der Tarifparteien und das Verhalten des Staates selbst werden angesprochen, soweit sie Einfluß auf die Arbeit des Unternehmens haben.

II.

Der Wandel der ökonomischen und politischen Strukturen

Das im Jahr 1985 gefeierte hundertfünfzigjährige Jubiläum des Hauses Bertelsmann gab mir Veranlassung, über die Gründe der Kontinuitätsbefähigung dieses Unternehmens nachzudenken. An existenzbedrohenden Schwierigkeiten und Gefahren hat es im Verlauf der Geschichte des Verlages wahrhaftig nicht gefehlt. Aber alle Krisen konnten nach meiner Meinung immer wieder überwunden werden, weil die Zielsetzung und Haltung der Verleger des Hauses Bertelsmann der Aufgabenstellung entsprachen. Diesen Männern ging es gewiß nicht nur um Geld, obwohl die Bestreitung des Lebensunterhaltes für meine Vorfahren oft schwer genug gewesen ist. Ihre Lebensarbeit war vielmehr ausgerichtet auf das Wohl und die Bedürfnisse der Menschen ihrer Zeit. Ihr Bemühen galt dem Leser der Verlagsprogramme, den Bürgern unserer Stadt und den Mitarbeitern des Betriebes. Ihr Berufsverständnis scheiterte nicht an Kriegen, Verboten und Wirtschaftskrisen. Das Bemühen, dem Menschen zu helfen, erwies sich immer wieder als eine beständige Quelle der Kraft. Die Mitarbeiter des Hauses respektierten diese Haltung und standen in schwerer Zeit treu zum Unternehmen. Die Kontinuität des Hauses Bertelsmann steht deutlich im Zusammenhang mit solchen menschlichen Bezügen.

Tragende Elemente der Vergangenheit

Mir scheint, daß ein ethisch bestimmtes Fundament für ein Unternehmen auch in unserer Zeit nicht an Bedeutung verloren hat. Wichtiger als unternehmerische Werkzeuge, wie Kapital und Führungstechnik, ist noch heute die Ausrichtung der Unternehmenszielsetzung auf den Menschen. Jedes Unternehmenskonzept muß hier seinen Anfang nehmen. Gewiß, mir ist deutlich, daß neben ethischen Zielsetzungen heutzutage vielerlei Neuerungen in unseren Denkweisen und Gewohnheiten notwendig sind. Dies gilt für unsere Produktionsanlagen und Arbeitsverfahren. Aber auch die Relationen der Wirkungskomponenten von Kapital, Arbeit und Führung müssen überprüft werden. Liebgewordene Vorstellungen, wie die Wahrung der Familientradition in der Führung eines Unternehmens, sind fragwürdig geworden. Die Gewerkschaften müssen erkennen, daß Umverteilung und Klassenkampf nicht mehr weiterführen. Die Unternehmer und Manager sollten ihre Aufgabe eher als ein Mandat der Gesellschaft verstehen als als einen auf Besitz beruhenden Anspruch. Vielerlei Wandlungen sind noch zu bewältigen.

Als Fazit scheint aber die Erkenntnis Bestand zu haben, daß eine klare, auf den Menschen ausgerichtete Zielsetzung das beste Fundament einer beständigen und erfolgreichen Unternehmensentwicklung darstellt. Bei der Betonung ethischer Grundlagen ist mir deutlich, daß Ordnungssysteme auch geeignet sein müssen, den gestellten Aufgaben zu entsprechen. Dabei muß der Grundsatz beachtet werden, daß Systeme dort ihre Grenzen haben, wo ihre Auswirkungen gegen elementare Eigenarten menschlichen Wesens verstoßen. Die bestgemeinten politischen, religiösen und wirtschaftlichen Systeme sind zum Scheitern verurteilt, wenn sie den Menschen überfordern.

Die Bedeutung von Identifikation und Motivation

Eine andere Prämisse für Ordnungsstrukturen innerhalb eines Unternehmens ist in unserer Zeit neu hinzugekommen. Um die unverzichtbare Kreativität zur Weiterentwicklung des Arbeitsprozesses zu wekken, bedarf es bei den Mitarbeitern der Identifikation mit der Aufgabenstellung. Auch die Leistungsbereitschaft am Arbeitsplatz hängt von einer entsprechenden Motivation entscheidend ab. An dieser Stelle ist ein Blick auf die demokratische Gesellschaftsordnung lehrreich. Nur wenn der demokratische Staat die Politik nach der Meinung der Wählermehrheit ausrichtet, ist er handlungsfähig. In der Wirtschaft heißt das in ähnlicher Weise, daß die Menschen den Sinn ihrer Berufsarbeit verstehen und akzeptieren müssen, wenn ihr Unternehmen erfolgreich sein will.

Die Abhängigkeit von der Motivation der Menschen ist nicht zu allen Zeiten ein Kriterium der Funktionstüchtigkeit eines Systems gewesen. Früher war es möglich, über lange Zeiträume mit Gewalt und Zwang Ordnungen durchzusetzen und in ausreichendem Umfang leistungsfähig zu gestalten. Dabei muß es uns aber deutlich sein, daß die Voraussetzung für die Funktionstüchtigkeit solcher Systeme eine relativ unentwickelte Kultur und eine minimale Evolutionsgeschwindigkeit in allen Lebensbereichen waren. Diese Voraussetzungen sind in unserer Zeit nicht mehr gegeben, und dementsprechend werden autoritäre Strukturen an Bedeutung und Wirksamkeit verlieren. Ein solcher Entwicklungsprozeß braucht naturgemäß Zeit.

Diese neuen Bedingungen unserer Existenz müssen begriffen und erlernt werden. Falsches Traditionsverständnis, die Neigung, auf liebgewordenen Gewohnheiten zu beharren, die Abneigung, Neues zu erlernen, stellen bei diesem Prozeß erhebliche Hindernisse für die Entwicklung dar. Auch menschlich begründete Erschwernisse ergeben sich zum Beispiel bei Führungskräften, wenn sie mühsam erworbene Rechte im Rahmen der heute notwendigen Delegation von Verantwortung auf andere Menschen und Instanzen übertragen müssen. Für Führungskräfte bedeutet dieser Verzicht um des Erfolges willen eine beachtliche menschliche Herausforderung. Ich glaube, daß für die meisten Unternehmer die freiwillige und bewußte Beschränkung der Macht sogar schwieriger ist als beispielsweise die Beteiligung der Mitarbeiter am Gewinn ihres Unternehmens.

Die Notwendigkeit einer Berücksichtigung menschlicher Eigenart und Motivation sei an einigen Beispielen erläutert. Dem Marxismus möchte ich ursprüngliche humane Zielsetzungen nicht absprechen. Seine Einschätzung des menschlichen Wesens war aber sehr unrealistisch. Kein Ordnungssystem kann auf die Dauer Bestand haben, welches den Menschen falsch einschätzt und seine angeborenen Impulse so unterdrückt, wie das in den kommunistischen Ländern geschieht. Auch aus diesem Grund ist die Planwirtschaft zum Scheitern verurteilt.

Dieses theoretisch perfekte Ordnungssystem versagt, weil es die Motivation der Menschen vernachlässigt und außerdem den Schwierigkeitsgrad der Steuerungsaufgabe völlig unterschätzt.

In diesem Zusammenhang sind auch die jugoslawischen Erfahrungen mit der Selbstverwaltung in der Wirtschaft lehrreich. Zu all den Handikaps der Planwirtschaft kommt dort noch die Unfähigkeit des von demokratischen Entscheidungsstrukturen stark abhängigen Systems, qualifizierte Führungseliten auszubilden. So führen vorwiegend theoretisch entwickelte Systeme selbst mit gut gemeinten Absichten oft zum Scheitern, und die betroffenen

Menschen haben die bedauerlichen Folgen zu tragen.

Ein weiteres Beispiel aus unserer staatlichen Verwaltungspraxis: Dort kommt es aus anderen Gründen zum Konflikt zwischen einem starren Ordnungssystem und den gestellten Anforderungen. Manche unserer Politiker und auch die staatliche Hierarchie scheinen davon überzeugt zu sein, daß der sicherlich richtige Gleichheitsgrundsatz aller Bürger gegen die Anwendung moderner Führungstechnik spricht. Das führungstechnische Prinzip der Delegation von Verantwortung und leistungsgerechter finanzieller Anreizsysteme ist im staatlichen Zuständigkeitsbereich nicht sehr verbreitet. Entsprechend sieht es mit der Motivation, der Leistung und Kreativität unserer Beamten aus. Jeder sieht Fehler im System – ohne sie abstellen zu können. Also tut man zunehmend »Dienst nach Vorschrift«.

Sicherlich war es ursprünglich richtig, die Arbeit der staatlichen Verwaltung auf das Pflichtbewußtsein der Beamten zu gründen. Dieses Konzept setzt aber relativ statische Verhältnisse, das heißt einen geringen Wandel in der Bewältigung hoheitlicher Funktionen, voraus. Heute gibt es diese Prämissen nicht mehr. Alle Bereiche des menschlichen Lebens sind in unserer Zeit vom schnellen Wandel erfaßt. Auch unsere staatlichen Organe müssen sich dem anpassen und flexiblere Strukturen entwickeln. Es wird sich zeigen, ob unsere Bürger auf Dauer die bald nicht mehr zu bezahlende staatliche Bürokratie mit ihrer scheinbaren Perfektion höher einschätzen als Leistungsfähigkeit, Sparsamkeit und Flexibilität.

In einer Zeit weltweiter Kommunikation ist es zum ersten Mal möglich – und gleichzeitig hochinteressant –, die Ergebnisse unterschiedlicher Ordnungssysteme zu beobachten. Wer dieses tut, wird schnell erkennen, daß konservative, dogmatische und zentralistische Ordnungsstrukturen den Aufgaben dieser Zeit nicht mehr gewachsen sind.

Jedes Ordnungssystem, das Leistungsfähigkeit und Kontinuität anstrebt, muß von der Zustimmung des Menschen getragen werden. Anders ausgedrückt: Es muß den originären Zielsetzungen und Veranlagungen des Menschen entsprechen. Und noch einmal sei in diesem Zusammenhang herausgestellt, daß Ordnungssysteme niemals einen endgültigen Charakter haben. Sie müssen der jeweils gestellten Aufgabe ihrer Zeit gerecht werden und entsprechend wandlungsfähig sein.

Eine wichtige Prämisse für die Evolutionsfähigkeit der Systeme ist eine Ordnungsstruktur, die Wandlungen begünstigt und qualifizierte Führungskräfte in die richtigen Schaltstellen transportiert. Negativ ausgedrückt bedeutet dies, daß auf die Zukunft ausgerichtete Strukturen in der Lage sein müssen, antiquierte oder falsche Lösungen auszumerzen. Dies gilt insbesondere für die personelle Komponente der Führung, die ohnehin auf den Erfolg jeglicher Organisation den entscheidenden Einfluß hat. Darüber hinaus muß man sich bewußt sein, daß die Zunahme des Wissens und der Druck des Wettbewerbs die Evolutionsgeschwindigkeit in allen Lebensbereichen ständig erhöhen. Oft genug sehen wir, wie die Befähigung des Menschen, sich neuen Gegebenheiten anzupassen, der Entwicklung hinterherhinkt.

In der Tat hat es eine solche Herausforderung durch die Evolution in der Geschichte der Menschheit noch nie gegeben. Gewiß ist es bequemer, sich dem Entwicklungstrend zu entziehen; wer die menschliche Natur kennt, wird das verständlich finden. Aber diese Verweigerungshaltung ist wenig realistisch. Zwar sollten wir nicht ohne Not bewährte Gewohnheiten und Auffassungen aufgeben. Aber wir müssen den Mut haben, uns mit den Gegebenheiten unserer Zeit und ihren Entwicklungen auseinanderzusetzen. Dies ist oft schwierig und manchmal ärgerlich – letzten Endes aber doch wohl dem Wesen menschlicher Natur gemäß.

Veränderungen der Arbeitsprämissen in der Wirtschaft

Aus heutiger Sicht präsentiert sich uns das 19. Jahrhundert als die Gründerzeit der modernen Wirtschaft. Vermehrte naturwissenschaftliche Kenntnisse, maschinelle Fertigungsverfahren und rasch wachsende Märkte ließen Produktionsanlagen riesigen Ausmaßes entstehen. Im Vergleich zu heute war die unternehmerische Aufgabe noch relativ einfach. Starke und kreative Persönlichkeiten konnten ganz auf sich gestellt große Wirtschaftseinheiten erfolgreich führen. Die Korrektur des Wettbewerbs war gering und der Faktor Arbeit billig. Bei traumhaften Gewinnspannen und geringer Steuerbelastung ließ sich das erforderliche Kapital schnell bilden. Aus volkswirtschaftlicher Sicht war zwar auch damals die Bereitstellung von Dienstleistungen und Produkten für die Gesellschaft ein übergeordnetes Ziel des Wirtschaftens.

Diese Definition würde aber wohl kaum dem Selbstverständnis des Unternehmers im 19. Jahrhundert oder auch noch zu Beginn des 20. Jahrhunderts entsprochen haben. Zu jener Zeit empfand der Unternehmer seine Tätigkeit als ein Stück Selbstverwirklichung. Er wollte gestalten, Erfolg haben und auch Geld verdienen, und er schätzte die sich dabei am Rande ergebenden Attribute wie Macht und Ansehen. Gewiß hat es auch seinerzeit bei manchem Unternehmer ein Gefühl für die gesellschaftliche und soziale Verantwortung seines Wirkens gegeben. In den meisten Betrieben hatte der Faktor Arbeit aber lediglich eine Ersatzfunktion für Tätigkeiten, die maschinell noch nicht besser bewältigt werden konnten. Um Erfolg zu haben, galt es, die Kosten des Faktors Arbeit zu reduzieren. Das gelang in der Tat in beängstigender Art und Weise!

Zu dieser Analyse der Motivation und der Arbeitsprämissen des Unternehmers gehört eine Betrachtung der Lebensverhältnisse des arbeitenden Menschen im 19. Jahrhundert, für den der Besitz einer Arbeitsstelle in der Industrie ein schmales, oft kaum ausreichendes Einkommen bedeutete. Wer keinen Arbeitsplatz finden konnte, verfiel einer Armut, die uns im Zeitalter der sozialen Marktwirtschaft kaum noch vorstellbar ist. Über die Existenzerhaltung hinaus dürften den damaligen Arbeiter – was sein berufliches Tun anlangt – kaum positive Motive bewegt haben.

Der Einfluß der Technisierung und die sich rasch vergrößernden Märkte multiplizierten die Konsequenzen des kapitalistischen Systems. Die Unternehmen wuchsen zu riesigen organisatorischen Einheiten. Die Ansammlung von Kapital und Macht in der Industrie nahm gewaltige Dimensionen an. Die Position des arbeitenden Menschen verbesserte sich aber trotz des zunehmenden Wohlstands bis gegen Ende des 19. Jahrhunderts kaum. Im Gegenteil: Die neuen Produktions- und Rationalisierungsmöglichkeiten verschlechterten eher die Existenzbedingungen des Arbeiters. Die Betrachtung des Selbstverständnisses der Unternehmer und der Relation von Kapital und Arbeit führte bald an den Rand einer vorrevolutionären gesellschaftlichen Situation.

Der Einfluß der Demokratisierung

Nur der parallel verlaufenden Demokratisierung der Gesellschaft in den westlichen Ländern ist es zu verdanken, daß in der Wirtschaft der Übergang zu einem evolutionären Prozeß gefunden werden konnte. Neue politische Parteien und die sich allmählich durchsetzenden Gewerkschaften leiteten einen Wandlungsprozeß ein, durch den der Mensch wieder in den Mittelpunkt wirtschaftlicher Tätigkeit gestellt wurde.

Dieser Evolutionsprozeß bis zum heutigen Konzept der sozialen Marktwirtschaft war schwierig und voller Auseinandersetzungen. Aber er war in der westlichen Welt erfolgreich in dem Sinne, daß die Grundelemente des kapitalistischen Systems auch in einer humaneren Gesellschaftsordnung erhalten blieben. Die Steuerung von Produktion und Warenverteilung erfolgte weiterhin nach den Prinzipien der Effizienz und Rentabilität. Der Marktmechanismus steuerte die Evolution sinnvoll und demokratisch zugleich. So entwickelte sich ein Wirtschaftssystem, welches Humanität mit Leistungsfähigkeit verband und unter dem Druck des Wettbewerbs evolutionsfähig blieb.

Ganz anders verlief zur gleichen Zeit dieser Prozeß in den Ostblockländern. Dort wurden die alten autoritären Herrschaftsstrukturen der Vergangenheit im Laufe der ersten Hälfte des 20. Jahrhunderts zwar ausgewechselt, letzten Endes aber nicht abgelöst. Sie blieben vielmehr in den zentralistischen Strukturen der sozialistischen Einheitsparteien erhalten. So entstanden der Staatskapitalismus und die zentralistische Planwirtschaft.

Erst langsam wird in unserer Zeit den Machthabern im Osten deutlich, daß ihre Wirtschaftsordnung durch die gestellten Aufgaben überfordert ist. Man beginnt zu verstehen, daß Kreativität und Einsatzbereitschaft auf Dauer nicht befohlen und Anreize durch politische Dogmen nicht ersetzt werden können. So überrascht es nicht, daß überall zaghaft die ersten Ansätze sichtbar werden, die natürlichen menschlichen Anlagen wieder in die Wirtschaftsordnung einzubeziehen. Den Völkern im Ostblock steht in dieser Hinsicht noch ein weiter Weg der Erkenntnis und der Realisierung bevor. Selbst ein Jahrhundert ist für einen solchen Entwicklungsprozeß nur eine kurze Zeitspanne.

Im Westen haben sich in unserem Jahrhundert die Prämissen für die Arbeitsweise des Unternehmens wesentlich verändert. Der Entscheidungsfreiraum des Unternehmers wurde im Rahmen des Harmonisierungsprozesses intern und extern erheblich eingeschränkt. Parallel dazu ergab sich eine erhebliche finanzielle Belastung der Unternehmen zugunsten der Mitarbeiter und des Staates. Diese Kosten ebenso wie die Folgen des Wettbewerbs reduzierten die Gewinnspanne in der Wirtschaft. Darüber hinaus verlangten die Interessen der Gesellschaft auch eine öffentliche Rechtfertigung der Tätigkeit des Unternehmers.

Solche Entwicklungen und insbesondere der Evolutionszwang eines immer härteren Wettbewerbs gestalteten die Führungsaufgabe immer schwieriger. Für nicht wenige Unternehmer bedeutete dies schließlich Überforderung und Demotivation. Denn während auf der einen Seite vom Unternehmer ein immer höherer Einsatz verlangt wurde, verlor seine Tätigkeit auf der anderen Seite einen wesentlichen Teil ihrer ursprünglichen Attraktivität, nämlich die Möglichkeit zur Gestaltung eines relativ großen Freiraums.

Das Kapital verliert an Einfluß

Auch für den Einfluß des Kapitals haben sich die Prämissen verändert. Verallgemeinernd können wir eine Tendenz feststellen, die aus dem Kapital herzuleitenden Rechte einzuschränken. Was damit gemeint ist, zeigt ein Blick auf die vielerlei gesetzlichen Regelungen im Bereich der Sozial-, Steuer- und Kartellpolitik. Auch das Mitbestimmungsgesetz gehört in diesen Zusammenhang. Während die sich weiterentwickelnden Arbeitsprämissen der Wirtschaft einen zunehmenden Kapitalbedarf der Betriebe bedingen, wird gleichzeitig die Entstehung neuen Kapitals bei den früheren Besitzern außerordentlich erschwert. Die Besteuerung der Gewinne, des Vermögens und der Erbschaften zehrt an den ererbten Vermögen und behindert das Entstehen neuer. So ist es nicht verwunderlich, daß kaum noch ein Unternehmer beziehungsweise eine Familiengesellschaft den sich stellenden finanziellen Anforderungen gerecht werden kann.

Nun sind die finanziellen Sorgen des Unternehmers natürlich nicht ohne weiteres identisch mit den Sorgen seines Unternehmens. In unserer Zeit gibt es vielerlei andere und ausreichende Finanzierungsmöglichkeiten. Der Prozeß der Umstellung der Unternehmensfinanzierung vom Alleinbesitz auf andere Finanzierungsarten vollzieht sich langsam. Als Motor dieser Entwicklung erweisen sich auf der einen Seite die Steuerbelastung und andererseits der zunehmende Finanzbedarf der Firmen. Die verständlichen menschlichen Widerstände des Unternehmers gegenüber fremdem Kapital treten langsam zurück vor dem Funktionsanspruch des Unternehmens.

Die Minderung der Berechtigung zur Führung allein aufgrund von Kapitalbesitz hat im übrigen gravierende ordnungspolitische Aspekte. Es war ja gerade ein entscheidendes Element des kapitalistischen Systems, daß die Steuerung der Betriebe vom Gewinnstreben beeinflußt wurde. Wenn aus durchaus richtigen gesellschaftspolitischen Gründen heute eine breitere Streuung des Kapitalbesitzes erstrebt wird, so müssen wir doch zur Kenntnis nehmen, daß sich als Nebenprodukt eine Verschlechterung des kapitalistischen Systems ergeben kann.

Die Aufspaltung von Eigentum und Führung hat weitreichende Folgen. Die Identität der Interessen der Aktionäre und der Unternehmensführung nimmt deutlich ab. Ein nicht am Kapital beteiligter Manager ist geneigt, ganz anderen subjektiven Zielen Priorität einzuräumen. Während zum Beispiel der Unternehmer den Erfolg seiner Arbeit im wesentlichen mit dem erzielten Gewinn definierte, ist der heutige Manager häufig mehr an der Größe seines Umsatzes und der daraus resultierenden öffentlichen Anerkennung interessiert. – Es ist zwar richtig, daß ein qualifizierter Manager für das Unternehmen von größerer Bedeutung ist als die Aufrechterhaltung einer Familientradition. Dieses Argument mindert aber nicht die Sorge bezüglich der nachlassenden Steuerungsfähigkeit des kapitalistischen Systems.

Mir scheint deshalb, daß wir darüber nachzudenken haben, wie wir die Funktionstüchtigkeit des Kapitals und damit auch des kapitalistischen Systems in der Zukunft sichern können. Die in dieser Hinsicht zur Zeit bestehenden Verhältnisse sind nicht besonders hilfreich. So hat zum Beispiel die Vertretung und Mitwirkung des Kapitals in der Hauptversammlung einer Aktiengesellschaft nur noch eine sehr formale Bedeutung im Sinne der Erfüllung des Aktiengesetzes. Bei Licht besehen gilt das leider auch für eine große Anzahl von Aufsichtsräten in unserer Wirtschaft. Während die Konzeption des deutschen Aktiengesetzes eine führungstechnisch durchaus plausible Teilung der Macht an der Unternehmensspitze zwischen Aufsichtsrat / Kontrolle und Vorstand / Exekutive vorsah, sieht die Realität häufig anders aus. Nur formal wählt noch die Hauptversammlung ihre Vertreter, das heißt die Aufsichtsräte. In Wirklichkeit einigen sich über die Besetzung dieser Positionen die Vorstände mit dem Aufsichtsratspräsidium und den Inhabern der Depotstimmrechte längst vor der Hauptversammlung. Entsprechend gelangen zunehmend nur noch dem Vorstand genehme Persönlichkeiten in die Kontrollinstanz des Aufsichtsrats. Hier zeichnet sich eine Veränderung der Führungstechnik ab, die weder dem Aktiengesetz noch den Spielregeln des Kapitalismus entspricht.

Die gleiche Problematik ist auch in den USA bekannt. Dort wird bei gravierenden Führungsfehlern in großen Unternehmen deshalb häufig die Frage aufgeworfen, ob in den kontrollierenden Boards – unseren Aufsichtsräten – nicht auch Vertreter der

Öffentlichkeit einen Platz haben sollten. Diese Alternative halte ich für höchst bedenklich. Die auf solche Weise nominierten Board-Mitglieder dürften nur in den seltensten Fällen die Qualifikation für ihre Aufgabe mitbringen. Richtiger erscheint mir die Suche nach einer Lösung, welche das Kapital wieder instand setzt, qualifizierter zu reagieren.

Ich vermute, daß dazu in erster Linie ein unabhängiger und qualifizierter Aufsichtsrat erforderlich ist. Die Mitglieder dieses Gremiums müßten dann allerdings sehr viel mehr Zeit und Arbeit in ihre Aufgabe investieren, als dies heute üblicherweise geschieht. Ihre Wahl dürfte nicht nur formal, sondern müßte auch faktisch durch die Vertretung des Kapitals erfolgen. Dazu wird es notwendig sein, die derzeitige Praxis des Depotstimmrechts zu überdenken und neben Banken auch Aktienfonds mit dieser Aufgabe zu betrauen. Ich denke weiter an den Ausbau der Aktionärsvereine sowie an die Einschaltung von Wirtschaftsberatungsgesellschaften. Dem Aktionär sollten aufgrund gesetzlicher Vorschriften mehr Alternativen für die Vertretung seiner Stimmrechte angeboten werden müssen, sofern er diese in der Hauptversammlung nicht selbst wahrnehmen will.

Wenn wir auf diese Weise die Wahl der Aufsichtsratsmitglieder qualifizierter gestalten und die Aufsichtsratsarbeit selbst sachgerecht ausführen, besteht eine gute Chance, den Kapitaleinfluß wieder zu verstärken. Den anderen denkbaren Weg, das Instrument der Hauptversammlung, insbesondere in Publikumsgesellschaften mit starker Aktienstreuung, wieder funktionsfähig zu machen, halte ich persönlich für aussichtslos. Die jahrzehntelangen Bemühungen der Experten haben diesbezüglich keine überzeugenden Resultate gebracht. Mir scheint es deshalb nur konsequent, darüber nachzudenken, ob man nach einer sachgerechten Intensivierung der Aufsichtsratsarbeit die Institution der Hauptversammlung nicht auf die Wahl der Repräsentanten des Kapitals im Aufsichtsrat beschränken sollte. Die wenigen heute noch von der Hauptversammlung ausgeübten Funktionen könnten sehr viel besser von einem qualifizierten Aufsichtsrat wahrgenommen werden. Eine solche Weiterentwicklung erscheint mir am ehesten geeignet, den Einfluß des Kapitals auf die Führung und Unternehmenspolitik einer Aktiengesellschaft wiederzubeleben. – Angesichts der sich ständig verschlechternden Führungsleistungen des Kapitals sollten wir diese Überlegungen intensivieren.

Neue Anforderungen an den Unternehmer

Verändert haben sich in unserer Zeit aber nicht nur die Anforderungen an die Kontrolle, sondern auch die an die Führung eines Unternehmens. Während früher nicht selten die Existenz einer ausreichenden

Menge von Kapital für den Erfolg einer Aktion entscheidend war, hat sich heute der Schwerpunkt auf die personelle Führungskomponente verlagert. Der Schwierigkeitsgrad im Bereich der Führung ist so erheblich gestiegen, daß nur außerordentlich qualifizierte Persönlichkeiten diesem Anspruch gerecht werden können. Das zeigt sich in unserer Zeit besonders deutlich in mittelständischen Unternehmen. Nicht mehr der Kapitalbesitz legitimiert zur Führung, sondern einzig und allein die Qualifikation, die gestellte Aufgabe zu lösen.

Viele Unternehmer, die auf eine lange Firmentradition verweisen können, möchten diese veränderte Situation nicht wahrhaben. Ihnen sei aber gesagt, daß vor ihren persönlichen Interessen das Gebot der Verfassung unseres Staates steht, welches klar sagt, daß Eigentum verpflichtet. In diesem Zusammenhang kann das bedeuten, im Interesse der Kontinuität des Unternehmens auf den Führungsanspruch der Familie zu verzichten.

Die zwangsläufig zunehmende Trennung von Kapitalbesitz und Führungsrecht mag man bedauern. Die frühere Einheit wird aber nicht aufrechtzuerhalten sein. Da ist es besser, wir erkennen die Konsequenz der Entwicklung an und bemühen uns um die Evolution des kapitalistischen Systems in dem Sinne, daß das Kapital wieder befähigt wird, die ihm zugedachte Einflußnahme sachgerecht auszuüben.

Den veränderten Prämissen für die Wirksamkeit von Führung und Kapital entspricht eine gleichermaßen radikale Veränderung der Einstellung der Menschen zur Berufsarbeit. So wie sich die Bürger heute nicht unkritisch von der politischen Führung lenken lassen wollen, sondern auf ihren demokratischen Mitwirkungsrechten bestehen, hat sich auch die Einstellung des Mitarbeiters zu seinem Unternehmen gewandelt. Der Arbeiter empfindet sich nicht mehr als bloßes Erfüllungsinstrument des Unternehmers. Er erwartet auch in seiner Berufsarbeit ein Stück Selbstverwirklichung seines Lebens.

Zu diesem veränderten Selbstverständnis in unserer Zeit haben vermehrtes Wissen, ein höheres Maß an materieller Sicherheit und ein früher nie gekannter Lebensstandard beigetragen. Der Bürger unseres Staates erlernt langsam die Wahrnehmung seiner demokratischen Rechte und Pflichten. Eine auf größere Eigenständigkeit des einzelnen ausgerichtete Erziehung hat den Anspruch des Individuums in unserer Gesellschaft sehr gefördert. Die unerläßlichen Begrenzungen der Freiheit in einer Gemeinschaft werden zwar von der Jugend oft als hinderlich empfunden. Zunehmend begreifen die Menschen aber, daß ein gewisses Maß von Anpassung und Begrenzung eigener Bestrebungen eine Bedingung gemeinschaftlichen Lebens ist.

Die rationale Analyse aller überkommenen Wertordnungen beschleunigt diesen in Fluß gekommenen Entwicklungsprozeß. Man akzeptiert dabei keine Tabus mehr. Autorität und Gesetz werden ebenso zur Diskussion freigegeben wie Moral und

Religion. Auf der Suche nach neuen geistigen Orientierungen werden alte und neue Lösungen erprobt. Bei einer Zwischenbilanz muß man allerdings konstatieren, daß sich bis heute eine tragfähige geistige Neuorientierung noch nicht abzeichnet.

In jedem Fall aber will der Mensch den Verlauf seines Lebens in größerem Umfang selber bestimmen. Dabei geht es ihm nicht nur um die Ordnung persönlicher Belange. Er will auch verstehen und mitbestimmen, in welcher Richtung Evolutionen in der Gesellschaft stattfinden. Dieses Streben ist zum einen das Ergebnis demokratischen Selbstverständnisses, zum anderen das Fazit aus den Folgen einer Geschichtsepoche, welche das Individuum vollständig der Autorität des Staates unterordnete. Heute will der Bürger begreifen, wofür er sich einsetzt, wie Ziele gesetzt und Abläufe gestaltet werden. Nur demjenigen ist er bereit zu folgen, der in der Lage ist, ihn von der Richtigkeit seines Vorgehens zu überzeugen.

Bei der Bewertung dieser geistigen Auseinandersetzung sollten wir nicht nur die auf der Hand liegenden Schwierigkeiten sehen, sondern auch die großen konstruktiven Möglichkeiten für die Gesellschaft. Denn das Suchen der Menschen nach einer neuen Ordnung beinhaltet auch die Bereitschaft, sich zu engagieren. Wenn es uns gelingt, neue Ordnungsstrukturen im Einklang mit den mehr auf Menschlichkeit ausgerichteten Vorstellungen der Bürger zu gestalten, werden uns große Kräfte zuwachsen. Das Ergebnis einer solchen Evolution wird sich dann nicht nur im Lebensstandard ausdrücken, sondern vor allem auch in einer politisch bedeutsamen Verbesserung unserer Lebensqualität. Die neuen Ordnungen, die in der Wirtschaft entwikkelt werden müssen, benötigen viel Konsensbereitschaft und Kreativität, aber auch Zeit. Lösungen auf diesem Feld sind aber von gleicher Bedeutung wie Entwicklungen im Bereich der Wissenschaft und Technik. Wir stehen also in der Wirtschaft vor gesellschaftlichen und führungstechnischen Strukturierungsaufgaben neuer Art und Dimension.

Bei dieser Betrachtung der veränderten Arbeits- und Existenzbedingungen unserer Wirtschaft dürfen wir die grundlegende Umstrukturierung der Märkte nicht außer acht lassen. Im Verlauf unseres Jahrhunderts wuchsen die regionalen Märkte zu einem globalen Markt zusammen. Dieser Prozeß ist noch im Gange. Die Wirtschaftspolitik der einzelnen Nationen ebenso wie die Geschäftsführung der verschiedenen Unternehmen müssen die Chancen und Konsequenzen dieser Evolution schnell erfassen, wenn sie nicht von den veränderten Marktverhältnissen überrollt werden wollen. Mehr Wissen und Forschung, mehr Kommunikation und Warenaustausch verbinden heute die Länder und Kontinente. Neue Möglichkeiten der Aufgabenverteilung, der Kooperation und des Lernens zeichnen sich ab. Der sich herausbildende internationale Wettbewerb berührt nicht nur die Strategie einzelner

Firmen, sondern ganzer Volkswirtschaften. Es hilft nichts, vor dieser Entwicklung die Augen zu schließen.

Die wachsenden Abhängigkeiten der Volkswirtschaften sind nicht zu leugnen. Die Arbeitsteilung einerseits und die Kooperationszwänge andererseits nehmen zu. Jedes Abkoppeln von diesem Trend bedeutet wirtschaftlichen Selbstmord; ein Isolieren ist nicht möglich. Für unsere eigene Wirtschaft und für unsere Unternehmen gibt es in dieser Situation nur die Möglichkeit, mit der Evolution Schritt zu halten. Wir müssen die Initiative ergreifen, kreativer arbeiten und bemüht sein, im Wettbewerb marktführende Positionen zu erreichen. Der ständige Wechsel und die Geschwindigkeit dieser Evolution sind zu Bedingungen unserer wirtschaftlichen Existenz geworden. Der Erfolg unserer Wirtschaft ist dabei eng gekoppelt an politische und innerbetriebliche gesellschaftliche Strukturen. Hier liegen Aufgaben, die dringend gestaltet werden müssen.

Ich suchte an den verschiedenen Beispielen deutlich zu machen, daß sich die Voraussetzungen für die Arbeitsweise im Bereich der Wirtschaft entscheidend verändert haben. Daraus ergeben sich neue Prämissen, aus denen eine strategische Konzeption werden muß. Die Ausführungen in den nachstehenden Kapiteln wollen die Bausteine dieser neuen Unternehmenskonzeption aufzeigen.

Der zukünftige Rang der sozialen Frage

Die Geschichte kennt lange Zeiträume, in denen sich die Gesellschaft einer sozialen Problematik kaum bewußt war. Ordnungen der Städte oder der Zünfte prägten Verhaltensnormen, die das menschliche Leben erträglich gestalteten. Sicherlich würden wir die Ergebnisse dieser Spielregeln heute nicht mehr hinnehmen wollen. Aus dem Zeitverständnis früherer Epochen müssen wir aber verstehen, daß jene Ordnungen zum Beispiel in einem Handwerksbetrieb, auf einem Bauernhof oder auch in einer Familie akzeptiert wurden. Auch wenn sie menschlich nicht immer befriedigten, so waren sie doch sachgerecht.

Die soziale Frage wurde erst zu einem gesellschaftlichen Problem, als sich in der Folge der Industrialisierung die vorhandenen Gesellschaftsstrukturen entscheidend veränderten. In der Gründerzeit blieb die Rücksichtnahme des Unternehmers auf seine soziale Verantwortung weit hinter den Gepflogenheiten der früheren Zunftordnungen zurück. Die damals aufkommende Einstufung des Menschen in der Industrie als »Faktor Arbeit« charakterisierte eine bedenkliche Fehlentwicklung. In vielen Ländern hat diese Situation zu revolutionären Umstrukturierungen geführt. Demokratische Parteien und die Gewerkschaften waren die Initiatoren einer neuen Gesellschaftsordnung mit angemessener sozialer Verantwortung. Der Prozeß hat nun ein Jahrhundert gedauert und nach harten Auseinandersetzungen zu bemerkenswerten Ergebnissen geführt. In vielen Industriestaaten ist heute das Gefühl für die Verantwortung des Staates und der Wirtschaft auf dem Felde der Sozialpolitik befriedigend entwickelt. Sicherlich ist diese Entwicklung noch nicht abgeschlossen im Sinne einer endgültigen Lösung. Neue Prämissen in der Arbeitswelt und der Gesellschaft werden immer wieder Anpassungen erfordern. Generell aber gilt ohne Zweifel, daß es gelang, ein soziales Netz zu schaffen, welches auch in extremen Situationen den Menschen unserer Zeit ausreichenden Schutz gewährleistet. So fanden auch die Vorsorge für den Krankheitsfall und die Alterssicherung eine vom Gesetz getragene Regelung.

Das Ringen um eine zeitgerechte und menschliche Gestaltung unserer Gesellschaft hat für die Innenpolitik stets die größte Aufmerksamkeit beansprucht. Schon die Spielregeln der Demokratie mit ihrem Zwang, sich um Wählerstimmen zu bemühen, sorgten dafür, daß die soziale Frage nicht von der Tagesordnung verschwand. Heute ist uns in den westlichen Demokratien eine Partei kaum noch vorstellbar, welche die soziale Verantwortung bestreitet. Ein bemerkenswerter Wandel im Vergleich zum Selbstverständnis der Politik am Beginn dieses Jahrhunderts.

Die Lösung der sozialen Frage ist ihrer Aufgabe entsprechend immer das entscheidende Ziel der Gewerkschaft gewesen. Dieses Bemühen erfaßte allmählich alle Umstände in der Welt der Arbeit, die Einfluß auf den Menschen hatten. Die Ergebnisse der gewerkschaftlichen Arbeit hinsichtlich der Strukturierung unserer Gesellschaft kommen während langer Zeiträume der Leistung der politischen Parteien gleich. Die Tradition dieser erfolgreichen und gesellschaftlich verdienstvollen Arbeit muß anerkannt werden.

Aber die Gewerkschaften müssen ihrerseits zur Kenntnis nehmen, daß sich die Prämissen ihrer Tätigkeit im Verlauf eines Jahrhunderts ganz entscheidend verändert haben. Heute geht es nicht mehr vorrangig um die Erhaltung der Existenz und die Abwehr von Not. Die wichtigsten Voraussetzungen der Existenz sind durch den erreichten Lebensstandard und das soziale Netz abgesichert, auch wenn diese Veränderungen von den Meinungsbildnern in der Gewerkschaft nicht in gebührendem Umfang zur Kenntnis genommen werden. Stolz auf die eigene Tradition, Beharren in überholten Denkgewohnheiten, Mangel an Kreativität und Flexibilität charakterisieren heute die Zielvorstellungen der Gewerkschaft.

So ist es kein Wunder, daß die Geltung der Gewerkschaften bei der arbeitenden Bevölkerung geringer wird. In dem Maße, wie der Bürger durch bessere Bildung und Information über das Funktionieren der Wirtschaft und seine Position in der Gesellschaft aufgeklärt wird, wachsen bei ihm die Zweifel an der Gewerkschaftspolitik. Selbst die Gewerkschaftsmitglieder sehen manche Zielsetzungen ihrer Organisation eher kritisch. Der Stil der Auseinandersetzung bei Tarifstreitigkeiten wird nur noch von wenigen Arbeitnehmern für angemessen gehalten. In einer Zeit, da vielerlei Entwicklungen die Gesellschaft nivelliert haben, wirken die Spielregeln des Klassenkampfes nicht mehr überzeugend.

Diese Entwicklung hat, was die Sozialpolitik anlangt, zu einem Dissens geführt, der die Zielvorstellungen selber zur Debatte stellt. Bei der heutigen Entwicklung darf ja nicht übersehen werden, daß die Kosten des sozialen Netzes ganz gewaltig gestiegen sind. Die benötigten Mittel werden nicht mehr von den früher bekämpften Kapitalisten aufgebracht, sondern letzten Endes – und das hat in unserer Zeit jeder verstanden – vom Arbeiter selbst.

Steuern und Sozialabgaben haben ein Niveau erreicht, welches weithin als unangemessen empfunden wird. Die Versuchung, diesem von der Gemeinschaft auferlegten Druck auszuweichen, wird immer größer; die ständig zunehmende Schwarzarbeit bei uns und in anderen Ländern charakterisiert die Entwicklung. In einer solchen Situation muß die Frage gestellt und beantwortet werden, was wir letzten Endes vom Staat beziehungsweise von der Gemeinschaft im Bereich der sozialen Leistungen erwarten wollen und können.

Mehr und mehr wird auch einem breiten Publikum klar, daß das Ziel nicht mehr »soviel wie möglich«, sondern »soviel wie notwendig« heißen muß. Selbst die bewährte Praxis der Politiker, im Wahlkampf großzügige Versprechungen im sozialen Bereich zu machen, wird vom Bürger nur noch skeptisch aufgenommen. Die finanziellen Grenzen des Staates und die Folgen der Umverteilungspolitik werden für immer mehr Menschen klar erkennbar.

Auch die in vielen Ländern über Jahrzehnte betriebene Politik der Staatsverschuldung zugunsten sozialer oder konsumtiver Ausgaben kommt irgendwann einmal an ihr Ende. Eines Tages werden finanzielle und wirtschaftliche Zwänge unabweisbar, und schließlich begreifen die Bürger, daß alle Ansprüche am Ende nur aus der Produktivität der Volkswirtschaft befriedigt werden können. Eine sachgerechte und zugleich menschliche Definition des Ranges der sozialen Frage ist deshalb unabweisbar. Die Diskussion der politischen Parteien wird sich zwangsläufig mehr und mehr auf diese Problematik konzentrieren.

Ein neues Verständnis sozialer Verantwortung

Sucht man nach möglichen Alternativen, so müssen unsere heutigen wirtschaftlichen und gesellschaftlichen Verhältnisse zugrunde gelegt werden. Dabei zeigt sich, daß das vorhandene soziale Netz vertretbaren Ansprüchen im wesentlichen genügt. Aus Gewohnheit immer weitere Leistungen zu fordern und zu gewähren, ist weder sozial noch menschlich zu verantworten. Im Gegenteil, die Respektierung des Menschen als eines Individuums mit eigenem Freiraum und eigener Entscheidungsbefähigung wird empfindlich beeinträchtigt, wenn das versorgungsstaatliche Konzept ins Extrem getrieben wird. »Soziale« Politik entspricht dann nicht mehr der Anlage und der Aufgabe des Menschen. Selbst ihre gut gemeinten Wirkungen werden dem Menschen schaden. Es darf und kann nicht die Zielsetzung der Sozialpolitik sein, dem Menschen jegliches Risiko und die Verantwortung für sich selbst abzunehmen. Zum menschlichen Wesen gehört das Streben nach Selbstverwirklichung und -entfaltung, und zwar auch in der Welt der Arbeit.

Die Kosten und Spielregeln des Versorgungsstaates reduzieren die Fähigkeit des einzelnen und der Wirtschaft, neuen Entwicklungen gewachsen zu sein. Auf der Kreativität und Initiative unserer Bürger beruht aber die Möglichkeit unserer Gesellschaft, ihren Lebensstandard zu verbessern und im internationalen Wettbewerb zu bestehen. Diese menschlichen Impulse kann man nicht ungestraft durch überzogene Vorstellungen vom Versorgungsbedürfnis des Menschen unterdrücken.

Die richtige, das heißt menschliche Definition der sozialen Verantwortung der Gemeinschaft wird immer Gegenstand des Dialoges sein müssen. In der gegenwärtigen Situation muß man aber deutlich darauf hinweisen, daß wir uns hüten müssen, im Sinne überkommener Bräuche die soziale Absicherung noch weiter zu steigern. Diese Praxis ist zwar bei den demokratischen Gruppierungen eine beliebte, weil wahlwirksame Gewohnheit – aber sie entbehrt heute jeder Rechtfertigung. Solidarität und Menschlichkeit gebieten es, dort zu helfen, wo sich der einzelne nicht helfen kann. Diese Definition muß auch in der Zukunft Richtschnur unserer sozialen Verantwortung bleiben. Alles, was jedoch darüber hinausgeht, verdient nicht das Prädikat »sozial« und ist auch im Geiste einer humanen Politik unverantwortlich.

Die Gegenwart muß begreifen, daß die Lawine sozialer Leistungen mehr und mehr die Eigenverantwortung des einzelnen unterdrückt und damit zugleich seine Freiheit und Selbstverwirklichungschance mindert. Schon heute wird das Ausmaß der Steuern und Sozialkosten von den Bürgern als unangemessen hoch empfunden. Zu weit gehende Belastung beeinträchtigt aber die Leistungsbereitschaft der Menschen; am Ende zerstört sie sie. Die Staatsverdrossenheit wächst, und das Ausweichen in die Illegalität nimmt gefährliche Formen an. Dabei wissen wir doch seit langem, daß einerseits die Leistungen im Rahmen des Generationenvertrages der Rentenversorgung nicht erfüllbar sind und andererseits manche Sozialleistungen, zum Beispiel im Gesundheitswesen, grob mißbraucht werden. Gerade im Hinblick auf eine menschenwürdige Entwicklung unserer Gesellschaft muß aus dieser Situation für die Zukunft die Konsequenz gezogen werden. Wir müssen den Mut aufbringen, neue Ziele zu definieren. Diese müssen sowohl die Notwendigkeiten des einzelnen wie auch die der Gesellschaft berücksichtigen. Ansätze sind dafür bereits erkennbar. So ist das seit Jahren propagierte Ziel der Gewerkschaft nach mehr Humanität in der Welt der Arbeit richtig gesehen – aber leider immer noch nicht mit einem vernünftigen Inhalt ausgefüllt.

Heute geht es darum, nach der erreichten sozialen Absicherung die Möglichkeiten zur Selbstverwirklichung zu erweitern. Es ist dieser Bereich, in dem für die Politiker und die Tarifpartner große Aufgaben und Möglichkeiten liegen. An ihrer Lösung sollte insbesondere auch die Wirtschaft interessiert sein. Eine menschenwürdigere Strukturierung der Unternehmen würde die Leistungsfähigkeit unserer Wirtschaft entscheidend steigern. Die Lösung dieser Aufgaben könnte für unsere Kultur die gleiche Bedeutung haben wie im letzten Jahrhundert die Lösung der sozialen Frage.

Beispiele betrieblicher Sozialpolitik

Die Ausgestaltung der innerbetrieblichen Sozialpolitik in der Bertelsmann AG möge die vorstehenden Ausführungen an praktischen Beispielen erläutern. Aus der Chronik der Firma ist ersichtlich, daß sich die Verleger dieses Unternehmens schon immer ihren Mitarbeitern gegenüber menschlich verpflichtet fühlten. Längst bevor unter dem Kanzler Bismarck eine Sozialgesetzgebung in Deutschland zustande kam, gab es entsprechende Regelungen im Hause Bertelsmann. Der stete persönliche Kontakt der Inhaberfamilie mit den Mitarbeitern und die Teilnahme an deren Schicksal sorgten dafür, daß Notlagen, die der einzelne nicht bewältigen konnte, von der Firma aufgefangen wurden.

Nach dem Zweiten Weltkrieg wird in der Sozialpolitik des Unternehmens ein neues Moment deutlich.

Neben die Beachtung menschlicher Verantwortlichkeit tritt die Nutzung finanzieller Gestaltungsmöglichkeiten im Rahmen sozialer Maßnahmen. So darf die Gewinnbeteiligung der Mitarbeiter zu Beginn der fünfziger Jahre nicht nur als soziale Maßnahme verstanden werden. Diese fast den ganzen Gewinn des Unternehmens umfassende Ausschüttung wurde damals von den Mitarbeitern in Form von Darlehen als Finanzierungshilfe für die Firma wieder zur Verfügung gestellt. Die Verfügungsberechtigung über die Darlehen ergab sich erst im Pensionsfall.

In einer Zeit, in der das Unternehmen aufgrund der Steuergesetzgebung Eigenkapital kaum bilden konnte und Kredite nicht zu beschaffen waren, gelang es so, den Aufbau des Verlages zu finanzieren. Diese Maßnahmen haben gewiß auch soziale Wirkungen gehabt. Das – durchaus legitime – Finanzinteresse des Unternehmens soll um der Wahrheit willen aber im gleichen Zuge genannt werden.

Die heute gültige Gewinnbeteiligungsregelung der Mitarbeiter geht davon aus, daß die Befriedigung der Grundansprüche bei den Mitarbeitern durch Lohn und Gehalt erfolgt und für das Kapital durch einen Zinssatz, der den marktüblichen Zinsen und einer Risikoprämie entspricht. Verbleibt nach Abzug dieser Aufwendungen vom Ertrag des Unternehmens ein Gewinn, so wird er hälftig geteilt zugunsten der Mitarbeiter und des Kapitals. Für die Mitarbeiter gilt dabei als Verteilungsschlüssel ihr Jahreseinkommen.

Die Erträge der Mitarbeiter aus der Gewinnbeteiligung werden im Unternehmen als Genußkapital angelegt. Die Verzinsung der Einlagen erfolgt gewinn- beziehungsweise verlustabhängig. Bei normaler Ertragslage des Unternehmens wird sich eine Verzinsung des eingelegten Genußkapitals von ca. fünfzehn Prozent ergeben. Der Verkauf der Anteile über die Börse ist möglich.

Ob die vor fünfzehn Jahren in unserem Hause eingeführte Gewinnbeteiligungs- und Vermögensbildungsregelung zu den sozialen Maßnahmen zu rechnen ist, sei dahingestellt. Sicher bewirkt sie angesichts ihres Umfangs eine erhebliche zusätzliche finanzielle Absicherung unserer Mitarbeiter. Die gedankliche Grundlage der Regelung geht aber von der Zielsetzung größerer materieller Gerechtigkeit aus. Im konventionellen Sprachgebrauch mag man auch das als eine Sozialmaßnahme verstehen. Im Hause Bertelsmann haben wir uns darauf geeinigt, in der betrieblichen Sozialpolitik solche Aufgaben anzupacken, die der einzelne von sich aus nicht in ausreichender Weise lösen kann.

Trotzdem soll auf die Beteiligung der Mitarbeiter an Gewinn und Kapital des Unternehmens hingewiesen werden, denn die Auswirkungen dieser Beteiligung werden bei langjähriger Tätigkeit im Unternehmen die Leistungen aus unserer Pensionsordnung erheblich übertreffen. Das Unternehmen begrüßt selbstverständlich auch den Identifizierungseffekt des Mitarbeiters mit seiner Firma, der sich aufgrund dieser Beteiligung eingestellt hat. Eine positive Motivation in der Berufsarbeit ist für den einzelnen wie für sein Unternehmen von hohem Wert.

Bei der Gestaltung des betrieblichen Pensionswerkes hat es bei Bertelsmann ähnliche Überlegungen gegeben. Die schon vor dem Krieg vorhandene Pensionsregelung wurde ganz erheblich aufgestockt, so daß die daraus resultierenden Ansprüche der Mitarbeiter den Durchschnitt anderer betrieblicher Pensionsleistungen um ungefähr das Doppelte übertrafen. Entsprechend ergaben sich für das Unternehmen erhebliche Rückstellungsmöglichkeiten, die ebenfalls der Unternehmensfinanzierung dienlich waren.

Bei der Ausgestaltung des Pensionswerkes ist aber immer darauf geachtet worden, daß die soziale Absicht nicht überzogen wurde. Ein Pensionär sollte nach Auffassung des Unternehmens nicht ein höheres Einkommen erzielen als ein aktiver Mitarbeiter. Entsprechend begrenzen die Bestimmungen des Bertelsmann-Pensionswerkes die Rentenzahlungen.

Die Rückstellungen für Pensionszusagen betragen in der Bilanz der Bertelsmann AG heute ca. zwanzig Prozent und sind damit doppelt so hoch wie im Durchschnitt der Industrie. Nachdem der Gesetzgeber vor einigen Jahren den Inflationsausgleich für betriebliche Pensionszusagen vorgeschrieben hat, darf vermutet werden, daß sich langfristig die betriebliche Pensionsversorgung erheblich reduzieren wird. So wird mit großer Wahrscheinlichkeit eine zugunsten der Rentenempfänger gedachte Maßnahme im Endeffekt eine unsoziale Wirkung haben.

Werden die Erträge aus der Gewinnbeteiligung zugleich als Alterssicherung verstanden, so ergeben sich für die Mitarbeiter nachstehende Rentenbestandteile:

Staatliche Rente:	63% des letzten Nettoeinkommens
Betriebliche Rente:	25% des letzten Nettoeinkommens
Gewinnbeteiligung (verrentet):	25–100% des letzten Nettoeinkommens
Gesamtrente:	113–188% des letzten Nettoeinkommens

Diese Aufstellung macht deutlich, in wie hohem Umfang die Mitarbeiter in einem partnerschaftlichen Unternehmen im Alter abgesichert sind.

In diesem Zusammenhang sind auch die Ergebnisse unserer Betriebskrankenkasse bemerkenswert. Der durchschnittliche Beitragssatz der öffentlichen Krankenkassen beträgt zur Zeit ca. 12,6 Prozent von der Lohn- beziehungsweise Gehaltssumme. Die Tendenz des Beitragssatzes ist steigend. Der Beitragssatz der Betriebskrankenkasse Bertelsmann beträgt gegenwärtig 8,6 Prozent von der Lohn- beziehungsweise Gehaltssumme. Er wird beeinflußt von dem Verständnis partnerschaftlicher Verantwortung gegenüber allen Betroffenen. – Bei einem durchschnittlichen Arbeitseinkommen beträgt die jährliche Differenz ca. 1700,– DM. Diesen Vorteil teilen sich der Mitarbeiter und das Unternehmen.

Vielleicht sollte man im Rahmen der Sozialmaßnahmen auch die erheblichen Investitionen des Unternehmens in die Ausbildung der Mitarbeiter erwähnen. Auch auf diesem Felde gehen unsere Programme weit über das Übliche hinaus. Die erzielte bessere berufliche Qualifikation dient wiederum sowohl dem einzelnen wie dem Unternehmen.

Da nicht alle Wechselfälle im Leben des einzelnen durch entsprechende Regelungen abgesichert werden können, hat das Unternehmen auch verschiedene Hilfsfonds eingeführt. Diese Fonds werden von den Betriebsräten verwaltet und gestatten, in außergewöhnlichen Notlagen in angemessener Weise zu helfen.

Das Verhalten des Unternehmens im Sozialbereich wird im Rahmen der Jahresgeschäftsberichterstattung ausführlich behandelt. So ist gewährleistet, daß die Mitarbeiter und die Öffentlichkeit die Einstellung des Unternehmens nachvollziehen können. An der Berichterstattung wirken die Betriebsräte mit.

Eine andere Definition sozialen Verständnisses kennen wir in dem Ausdruck »Solidarität«. Im Hause Bertelsmann ist die Solidarität aller dort Tätigen in der Verpflichtung zueinander und gegenüber der Aufgabe immer sehr lebendig gewesen. Das Verhalten und der Lebensstil der Inhaberfamilien drükken das ebenso aus wie die treue Verbundenheit, die die Mitarbeiter ihrem Unternehmen in Krisensituationen immer bewiesen haben.

Im Ausland, wo das Haus Bertelsmann mit eigenen Unternehmen oder Unternehmensbeteiligungen stark engagiert ist, können viele in Deutschland bewährte Regelungen aus dem Sozialbereich nicht praktiziert werden. Jeweils andere kulturelle und soziale Entwicklungen verbieten einen unkritischen Transfer sozialpolitischer Regelungen. Trotzdem bemüht sich das Haus, die Grundsätze einer humanen und sozialen Arbeitsweise auch in den Auslandsfirmen durchzusetzen. Dies geschieht in der Überzeugung, daß unsere Arbeit dem Menschen und damit auch dem Mitarbeiter zu dienen hat. Wir wissen darüber hinaus, daß eine humane und soziale Gestaltung der innerbetrieblichen Unternehmensstruktur zu besseren Leistungen führt und nicht nur die Lebensqualität, sondern damit auch die Einsatzbereitschaft der Mitarbeiter erhöht.

Angesichts der Weiterentwicklung der klassischen Sozialpolitik zur gegenwärtigen Aufgabe der Humanität in der Welt der Arbeit müßten wohl auch führungstechnische Regelungen erwähnt werden. Die von uns gewählte Definition der sozialen Verantwortung als Hilfe in einer Situation, in der der einzelne sich nicht helfen kann, ließe sich letzten Endes auch auf das Ziel der Selbstverwirklichung im Berufsleben ausdehnen. Da ein solches Sozialverständnis aber die üblichen Definitionen erheblich überschreitet, möchte ich an dieser Stelle nicht auf die Einbeziehung der Führungstechnik in die Sozialpolitik des Unternehmens eingehen.

Das Unternehmen Bertelsmann hat in den vergangenen Jahrzehnten ganz gewiß weit über dem Durchschnitt liegende Aufwendungen für soziale Maßnahmen erbracht. In Verbindung mit den zuvor erwähnten betrieblichen Zielen darf als Bilanz ein recht positiver Saldo für alle Beteiligten gezogen werden. Die Mitarbeiter unseres Hauses sind finanziell deutlich besser abgesichert als jene in vielen anderen Unternehmen. Das Unternehmen selbst konnte eine gesunde finanzielle Struktur trotz außergewöhnlicher Wachstumsschritte erreichen. Die innere Struktur des Unternehmens ist aufgrund der Sozialpolitik gefestigt. Sie minimiert Konflikte und löst über die erzielte Identifikation mit dem Unternehmen eine erfreuliche Kreativität und Einsatzbereitschaft aus. So darf das Unternehmen heute wohl mit Befriedigung feststellen, daß die Investitionen in Menschlichkeit im Laufe der Nachkriegsgeschichte richtig waren.

Die Einstellung der Mitarbeiter zum Unternehmen geht auch aus den in Abständen von einigen Jahren durchgeführten Befragungen hervor. Ich zitiere Ergebnisse aus der letzten Mitarbeiterbefragung im Jahre 1982:

- Lediglich 1 Prozent ist unzufrieden mit den Sozialleistungen.
- Nur 3 Prozent der Mitarbeiter gefällt ihre Arbeit nicht.
- Nur 6 Prozent würde nicht wieder zu Bertelsmann gehen.

Die regelmäßigen Mitarbeiterbefragungen geben dem Unternehmen eine gute Möglichkeit, seine Sozialpolitik zu überprüfen und gegebenenfalls zu korrigieren. Für das Verhältnis der Mitarbeiter zu ihrem Unternehmen ist aufschlußreich, daß die Verhältnisse am Arbeitsplatz und der Stil der Kooperation in unserem Unternehmen als wichtiger beurteilt werden als die Höhe der Bezahlung. – Auch diese Tatsache weist auf den veränderten Rang der Sozialpolitik im betrieblichen Geschehen hin.

III.

Konsequenzen des Wandels unserer Gesellschaft

Unternehmensziele in der Vergangenheit

Über Systeme und Ordnungsstrukturen für die Wirtschaft hat man in früheren Jahrhunderten relativ wenig nachgedacht. Die wirtschaftliche Tätigkeit hatte eher regionalen Charakter und befriedigte die Bedürfnisse der Menschen im Umfeld des Standorts. Der Einfluß gebietsübergreifenden Handels war noch gering. Die Strukturen der Wirtschaftsbetriebe entsprachen diesen Gegebenheiten und berücksichtigten die Notwendigkeit der Arbeitsteilung. Typische Betriebsformen waren der Handwerksbetrieb, der Händler und der Bauer. Ein initiativer und befähigter Mann konnte früher einen solchen Betrieb gründen und erfolgreich führen. Der Schwierigkeitsgrad der Arbeit war noch gering. So war es möglich, die Familientradition in den Betrieben über Jahrhunderte zu wahren. Eine geringe gesellschaftliche und wirtschaftliche Evolution einerseits und im Laufe der Zeit entstandene Verhaltensmuster andererseits konservierten den Status quo. Im Rahmen dieser Ordnung wurden unbedingt notwendige menschliche und soziale Erfordernisse der Mitarbeiter berücksichtigt. Der Einfluß politisch und kirchlich vorgegebener Verhaltensregeln wirkte sich auch in den Wirtschaftsbetrieben aus.

Der Antrieb der Menschen, die einen solchen Betrieb gestalteten, kam wohl in erster Linie aus dem

Streben nach materieller Bereicherung. Vom Standpunkt der Gesellschaft konnte angesichts der Größenordnung der Betriebe und der dabei entstehenden Kapitalansammlung dagegen wenig eingewandt werden. Gewiß wird auch damals manchem Handwerksmeister seine gesellschaftliche Verpflichtung, zum Beispiel gegenüber der Kundschaft und seiner Stadt, deutlich gewesen sein. Wir sollten diese Beweggründe aber wohl nicht überbewerten. Im Zweifel sorgten Zunftregeln bezüglich der Preise und der Produktqualität für ein gesellschaftskonformes wirtschaftliches Verhalten.

Angesichts dieser relativ heilen Welt bestand für den Staat kein wesentlicher Regelungsbedarf. Die Interessen des Staates waren jedoch wie in allen Epochen vor allem auf möglichst hohe Steuereinnahmen ausgerichtet; die Wahrnehmung von Gruppeninteressen besorgten ja die Zünfte. Von einem gesellschaftlich ins Gewicht fallenden Konflikt zwischen Kapital und Arbeit konnte damals nicht die Rede sein. Auch damals wurde der Wirtschaftsprozeß über das Erwerbsstreben und den Kapitalbesitz gesteuert; der Wettbewerb jedoch hatte erst einen geringeren steuernden Einfluß. Die Bestreitung des Lebensunterhaltes war die dominierende Antriebskraft für den Inhaber eines Betriebes. Bescheidener Reichtum gewährte verstärkte persönliche Sicherheit, mehr Freiheit und Ansehen. Die Mitarbeiter in diesen Betrieben hatten dem Grunde nach ähnliche Zielvorstellungen. Es ging ihnen aber in erster Linie darum, das tägliche Brot zu verdienen. Über diese Existenzsicherung hinaus konnte ein Gehilfe – es sei denn, es gelang ihm, selbständig zu werden – keine steile Erfolgslaufbahn erwarten.

Im 19. Jahrhundert löste dann die Industrialisierung entscheidende Verwerfungen in der gesellschaftlichen und wirtschaftlichen Ordnungsstruktur aus. Neue Produktionsverfahren und wachsende Märkte schufen die Voraussetzungen großer Gewinnmöglichkeiten. Die Größe der Betriebe und die dazugehörige Kapitalansammlung nahm bisher unbekannte Ausmaße an. Eine relativ liberale, kaum von staatlichen Ordnungsvorstellungen beeinflußte Wirtschaftsentwicklung führte zu Kapitalansammlungen riesigen Ausmaßes in den Händen weniger. Aus einer im Laufe der Jahrhunderte gewachsenen und nach Ständen gegliederten gesellschaftlichen Ordnung entstand in einer dramatischen Polarisierung die Klassengesellschaft.

Diese Entwicklung konnten die staatlichen Maßnahmen keineswegs steuern. Die rücksichtslose Wahrnehmung aller Möglichkeiten in Verbindung mit einer kaum kontrollierten Macht der Unternehmer brachte erhebliche gesellschaftliche Mißstände hervor. Diese Fehlentwicklungen korrigierte die Wirtschaft aber nicht aus wohlverstandenem Eigeninteresse. Es sollten viel später die demokratischen Parteien und Gewerkschaften sein, welche menschlichere Ordnungsstrukturen durchsetzten.

Im Rahmen dieser stürmischen Entwicklung

wurde über die Aufgabenstellung der Wirtschaft im allgemeinen und das Zielverständnis des einzelnen Unternehmens unzureichend nachgedacht. So konnte sich bis in unsere Zeit in vielen Köpfen die Vorstellung halten, daß das primäre Ziel eines Unternehmens die Gewinnmaximierung sei. Vor Beginn der Industrialisierung gab es gegen eine solche Zieldefinition keine gesellschaftlich ins Gewicht fallende Kritik. Erst das Versagen der bisherigen Ordnungsstrukturen warf die Frage auf, ob Zielsetzungen und Verhaltensweisen im Bereich der Wirtschaft neu zu definieren seien.

In dieser Lage sind auch die Theorien des Marxismus über Verstaatlichung und Planwirtschaft entstanden. In den westlichen Demokratien wurden die neuen Probleme durchaus gesehen; aber eine verbindliche Antwort auf den prinzipiellen Konflikt von Eigentum und Verantwortung blieb aus. Den Vätern der Verfassung der Bundesrepublik war sicherlich deutlich, daß die privatwirtschaftliche Struktur der Wirtschaft, verbunden mit dem Wettbewerbssystem eines freien Marktes, zwar überaus leistungsfähig, nicht notwendigerweise aber gerecht war. Man half sich damals mit dem Hinweis, daß Eigentum verpflichte.

Die Präzisierung dieser Verpflichtung zur Verantwortung sollte als Aufgabe unserer Zeit verstanden werden. Denn sicherlich wird nur eine richtige Definition des Selbstverständnisses und der Zielsetzung von Unternehmen auf Dauer Erfolg und Sicherheit der Wirtschaft gewährleisten. Vielleicht ist diese Orientierung auch die wichtigste Lektion, die die Wirtschaft in unserer Zeit zu lernen hat, nämlich die richtige Einordnung des Unternehmens, seiner Ziele und Verhaltensweisen in die Gesellschaft.

Der Staat hat wirtschaftliche Rahmenbedingungen gesetzt und im Rahmen der Marktwirtschaft dem Unternehmen die Verfolgung autonomer Interessen gestattet. Die Ergebnisse des marktwirtschaftlichen Systems sprechen dem Grunde nach für die Richtigkeit einer solchen Wirtschaftsordnung. Wie die Gesellschaft damals aber begreifen mußte, daß die Entwicklung zur Klassengesellschaft in eine Sackgasse führte, so müssen wir heute darüber nachdenken, in welchen Bereichen und in welcher Weise die gegenwärtigen Strukturen in Wirtschaft und Gesellschaft weiterzuentwickeln sind. Sieht man, daß für die allermeisten Unternehmer und Manager die Gewinnmaximierung immer noch das oberste und letzte Ziel ist, so müssen deutlich Bedenken angemeldet werden. Das Gebot der Verfassung, die Verpflichtung des Eigentums zu beachten, wird nur unzureichend bedacht. So kann es nicht verwundern, daß die Wirtschaft heute sowohl ihrem Verhalten als auch ihrer Zielsetzung nach wieder scharfer Kritik ausgesetzt ist. Aber dabei werden die echten Vorteile des Systems der Marktwirtschaft allzu oft völlig übersehen. Man mißt die bestehende Wirtschaftsordnung zu sehr nur am Fehlverhalten einzelner und natürlich auch an eintretenden Mißerfolgen.

Die Entwicklung neuer Unternehmensziele

In den ersten Jahrzehnten nach dem letzten Weltkrieg ließen die unbestreitbar großen Erfolge der Unternehmer und des marktwirtschaftlichen Systems Kritik nicht aufkommen; heute stehen wir vor einer andersgearteten Krise der Wirtschaft. Scharfer internationaler Wettbewerb und erhebliche Erschwernisse der Unternehmenstätigkeit haben nicht nur zur Stagnation geführt; auch die so lange unbekannte Arbeitslosigkeit macht auf Probleme aufmerksam. Um so grundsätzlicher wird die Frage diskutiert, ob unser Wirtschaftsverständnis und insbesondere das Aufgabenverständnis der Unternehmen der Zeit wirklich entsprechen. Auf der einen Seite möchte man die Vorteile der Marktwirtschaft erhalten; andererseits streitet man zum Schaden der Unternehmensfunktion um die Durchsetzung von Gruppeninteressen. Es wird kaum zur Kenntnis genommen, daß Verbesserungen des gegenwärtigen Systems und ein Ausgleich der Konflikte möglich sind. Das Beharren auf Besitzständen und der Versuch, Eigeninteressen durchzusetzen, sind ebenso schädlich wie sachliche Unkenntnis und geistige Unbeweglichkeit. Wenn man den Rang und die Dringlichkeit der vor uns liegenden Ordnungsaufgabe begreifen würde, wäre es sicherlich möglich, Lösungen zu finden. Beispiele für eine menschlichere und zugleich sachgerechtere Unternehmensstruktur sind bereits in vielen Ländern zu beobachten.

Zuerst einmal muß die Zielsetzung des Unternehmens neu definiert werden. Dabei mag die Erinnerung hilfreich sein, daß CDU und FDP nach dem Krieg mit großer Entschiedenheit für die marktwirtschaftliche Wirtschaftsordnung votierten. Die bewährte Leistungsfähigkeit dieses Systems und die demokratische Berücksichtigung der Konsumenteninteressen im Rahmen des Wettbewerbs bevorzugen diese Wirtschaftsordnung den planwirtschaftlichen Ordnungsstrukturen. Die im Rahmen unserer Wirtschaftsordnung gewährten Freiheiten, aber auch die von ihr gesetzten Grenzen sind letzten Endes darauf ausgerichtet, den Versorgungsanspruch der Gesellschaft zu gewährleisten. Sicherlich hat es gute Gründe dafür gegeben, die angeborenen Impulse der Menschen nach Bereicherung und eigenem Gestaltungsspielraum im Rahmen des Ordnungsgefüges zu berücksichtigen. Gefährden solche menschlichen Errungenschaften aber die Aufgabe des Systems, so ist durch eine Weiterentwicklung der Ordnung für ein gesellschaftskonformes Verhalten Sorge zu tragen.

Bei der Weiterentwicklung unserer Wirtschaftsordnung wird es immer um einen Kompromiß zwischen Effizienz und Menschlichkeit gehen. Bisher ist in unserer Welt kein System bekannt, welches beide Zielsetzungen verbindet und dabei fehlerfrei arbeitet. Der Kompromiß und eine ständige Überprüfung der notwendigen Grenzen des Freiraums für den einzelnen gehören zu dem System. Eine aus Dogmen abgeleitete Verschiebung der Grenze zwischen absoluter Freiheit oder scheinbar perfekter Planwirtschaft führt nach unseren heutigen Erkenntnissen so oder so zu unerwünschten Ergebnissen. Mit diesem Widerspruch zu leben, ist ärgerlich und schwierig. Eine bessere Alternative ist aber nicht zu erkennen.

Wenn sich unsere Gesellschaft und insbesondere die Wirtschaft entschließen könnten, als oberstes Ziel für die Tätigkeit von Unternehmen einen Leistungsbeitrag für die Gesellschaft zu definieren, so wären wir bei den unumgänglichen Regelungsprozessen ein erhebliches Stück vorangekommen. Im Falle von Streitfragen wäre dann deutlich, daß der Erfolg des Unternehmens Vorrang haben muß vor der Durchsetzung von Gruppeninteressen. Andererseits wäre mit einer solchen Interpretation der Aufgabe eines Unternehmens auch die Rücksichtnahme auf die Mitglieder des Unternehmens eingeschlossen. Wenn nämlich ein Unternehmen in erster Linie um einen Leistungsbeitrag für die Gesellschaft bemüht sein muß, so kann das nicht nur aus der erbrachten Produktion oder Dienstleistung bestehen; sein Verhalten gegenüber seinen Mitarbeitern wird entscheidend mitbewertet werden.

Die Strukturen des demokratischen Staates sind auf die Selbstverwirklichung des Menschen ausgerichtet. Dieser Aufgabe muß auch das Unternehmen dienen. Die Optimierung des Leistungsbeitrages eines Unternehmens bedeutet also nicht die Außerachtlassung der Interessen von Kapital und Arbeit, vielmehr müssen wir lernen, alle Vorgänge der Wirtschaft auf den Menschen auszurichten. Das umfaßt die Interessen der Gesellschaft ebenso wie die der Mitarbeiter. Aus einem solchen Aufgabenverständnis lassen sich sachgerechte Ordnungsstrukturen ableiten. Dies gilt sowohl für die Notwendigkeit der Unternehmenseffizienz als auch für die humane Rücksichtnahme in der Welt der Arbeit.

Das Zielverständnis in der Bertelsmann AG

Die vorstehenden generellen Überlegungen will ich aus der Praxis der Bertelsmann AG an einigen Beispielen erläutern. – Die Verpflichtung des Eigentums gegenüber der Gesellschaft drückt sich in diesem Unternehmen in dem Bemühen um soziale und materielle Gerechtigkeit aus. Die Zielsetzung des Unternehmens ist deutlich als Leistungsbeitrag für die Gesellschaft in der Präambel der Unternehmensverfassung definiert. Der Ausgleich der Interessen zwischen Kapital und Arbeit und die Harmonisierung mit den Anforderungen der Leistungsbereitschaft des Unternehmens obliegen dem Management. Die Finanzierung des Unternehmens geschieht mehr und mehr durch die Kapitaleinlagen der Mitarbeiter. Die Aktionäre sind mit vergleichsweise niedrigen Dividenden zufrieden. Daher stehen der Bertelsmann AG mehr Möglichkeiten für Zuwendungen an die Bertelsmann Stiftung zur Verfügung. Diese Stiftung verfolgt gemäß ihrer Satzung Aufgaben, die im gemeinnützigen Interesse liegen. Dabei wird im Unternehmen erarbeitetes Knowhow zugleich mit den Finanzbeiträgen zur Wirkung gebracht. Die Befolgung der Forderung des Grundgesetzes, daß Eigentum verpflichtet, hat so im Hause Bertelsmann verschiedene Formen der Ausprägung erfahren. Ihre Wirkungen werden intern und extern akzeptiert und tragen zur Verbesserung der Leistungsbereitschaft des Unternehmens bei.

Ziele der Bertelsmann AG

1. Das Unternehmen hat einen optimalen Leistungsbeitrag für die Gesellschaft zu erbringen. – Dieser Zielsetzung haben sich alle Gruppeninteressen unterzuordnen.
2. Die Selbstverwirklichung aller im Unternehmen Tätigen muß in der Welt der Arbeit ermöglicht werden. – Die Gewährleistung der dazu erforderlichen innerbetrieblichen Strukturen sowie die Harmonisierung der Interessengegensätze obliegt der Führung.
3. Das Unternehmen muß Gewinn erzielen, um

seine Existenz und die Arbeitsplätze zu sichern. Der Ertrag dient der Bildung neuen Kapitals, der Zahlung von Dividenden und der Erfolgsbeteiligung der Mitarbeiter.

4. Das Unternehmen muß durch Steuerzahlungen den Staat in seinen Funktionen fördern.

Die Konkretisierung dieser Zieldefinition enthält die Unternehmensverfassung der Bertelsmann AG (Seite 145).

Die Bertelsmann Stiftung

So wie viele Konzepte im Hause Bertelsmann sowohl wirtschaftliche Ursachen haben als auch gesellschaftspolitisch begründet sind, muß auch die Einrichtung der Bertelsmann Stiftung in zweierlei Licht gesehen werden. Die dominierende Zielsetzung bei der Stiftungsgründung ist sicherlich die Sicherung der Unternehmenskontinuität gewesen. Nach den heute abgeschlossenen Verträgen wird die Stiftung später einmal das Kapitalvermögen der Familie Mohn übernehmen und somit die dann nicht mehr durch Erbschaftsteuer belastete Finanzierungskontinuität gewährleisten.

Aus führungstechnischen Gründen geht aber nur das Kapitalvermögen, nicht die normalerweise mit dem Kapital verknüpften Stimmrechte auf die Stiftung über. Nach meiner Überzeugung ist der gesetzlich vorgeschriebene Mechanismus einer gemeinnützigen Stiftung für die erfolgreiche Führung eines Wirtschaftsunternehmens weniger geeignet. Diese Funktion wird deshalb der »Bertelsmann Vermögensverwaltungsgesellschaft mbH« übertragen, deren Gesellschafterkreis sich satzungsgemäß aus Mitgliedern mit ausgewiesener Führungserfahrung zusammensetzt.

In diesem Zusammenhang sei angemerkt, daß die nicht der Familie Mohn gehörenden Aktien der Bertelsmann AG durch Herrn Dr. Bucerius, den Eigentümer der Wochenzeitung DIE ZEIT, in ähnlicher Absicht in die Zeit-Stiftung eingebracht werden sollen. Damit wären später einmal zwei gemeinnützige Stiftungen neben den beteiligten Mitarbeitern die Kapitalvertreter im Hause Bertelsmann.

Die Bertelsmann Stiftung hat ihre – auch international ausgerichtete – Förderungstätigkeit gemäß ihrer Satzung (siehe Seite 51) im Jahre 1977 begonnen. Die erforderlichen Mittel werden jetzt von der Bertelsmann AG aufgebracht. Der Jahresetat beträgt derzeit DM 7 Mio. – Der Aufbau der Stiftungsorgane erfolgt planmäßig und ist heute noch nicht abgeschlossen. Der gegenwärtige Ausbau der Förderungsvorhaben und der personellen Ressourcen ist als Vorbereitung für den Tag zu verstehen, an dem die Stiftung wie geplant große Teile des Kapitals der Bertelsmann AG übernimmt und damit dann sehr viel größere Etatmittel zur Verfügung hat. Nur eine gut eingearbeitete Mannschaft vom Kuratorium über die Geschäftsführung bis zu den einzelnen Mitarbeitern kann eine solch schwierige Aufgabe sachgerecht lösen.

Die Bertelsmann Stiftung will nicht nur wichtige gemeinnützige Vorhaben finanziell fördern, sondern auch bei der Gestaltung ihrer Förderungstätigkeit die im Hause Bertelsmann vorhandenen fachlichen und führungstechnischen Kenntnisse berücksichtigen. Diese Bedingung macht auf der einen Seite die Auswahl von geeigneten Förderungsprojekten schwieriger, gewährleistet aber auf der anderen Seite eine ganz ungewöhnliche Qualität und Effizienz der Stiftungsarbeit.

Um diese Aussage zu demonstrieren, verweise ich nachstehend auf einige Beispiele:

- Verschiedene Vorhaben fördern die Führungstechnik in der Wirtschaft mit Projekten und Ausführungen zur Aufsichtsratsarbeit, der Kontinuitätssicherung, der Unternehmenskultur und der Mitbestimmung.
- Erprobt werden exemplarische Lösungsmodelle im Bereich der staatlichen Zuständigkeit, zum Beispiel durch Einrichtung einer völlig neu konzipierten Stadtbibliothek und der Installation eines Planungs- und Berichtswesens in einem Krankenhaus.
- Durchgeführt werden verschiedene berufliche Ausbildungsveranstaltungen im Bereich der Publizistik, zum Beispiel für Journalisten, Lektoren, Autoren und Übersetzer.

In Angriff genommen wurde die Grundlagenarbeit im Bereich der Medienwirkungsforschung, Medienpädagogik und Mediendidaktik. Dazu erfolgten unter anderem die Errichtung einer Mediothek und die Entwicklung des mediengestützten Unterrichts an einem Gymnasium.

Alle Projekte verlangen die Kooperation mit den betroffenen Behörden und kompetenten Institutionen im In- und Ausland. Die Bertelsmann Stiftung ist dabei je nach vorhandenem Fachwissen im Haus Bertelsmann von unterschiedlicher Intensität. Grundsätzlich darf aber angemerkt werden, daß das Konzept einer von der Stiftung begleiteten aktiven Förderungspolitik bemerkenswert erfolgreich ist.

Unser Stiftungskonzept wäre unvollständig dargestellt, wenn es nur unter dem Gesichtspunkt der Kontinuitätssicherung des Hauses betrachtet würde. Vielmehr müssen auch die Gesichtspunkte unseres gesellschaftlichen Engagements genannt werden. In einer Demokratie ist es Sache aller Bürger, einen Beitrag zur Ausgestaltung ihres Staates zu leisten. Dazu ist jedermann nach seinem Vermögen aufgefordert. In einer Zeit, in der wir die begrenzte Leistungsfähigkeit unserer staatlichen Organe immer häufiger kritisieren, sollten wir jede Gelegenheit nutzen zu beweisen, wie man es besser handhaben kann. Diese Aufgabe reicht von der Führungstechnik in der staatlichen Verwaltung und den Dienstleistungsbetrieben bis zur Gestaltung einzelner Funktionen, zum Beispiel im kulturellen und gesundheitlichen

Bereich. Exemplarische Lösungen können den Weg für die Evolution zeigen.

Das Konzept der Bertelsmann Stiftung mag schließlich auch als ein Lösungsansatz für die Forderung in unserer Staatsverfassung verstanden werden: »Eigentum verpflichtet!« – Das Haus Bertelsmann hat mit der Beteiligung der Mitarbeiter, der Kontinuitätssicherung durch die Stiftung und das praktische demokratische Engagement im Rahmen der Stiftungsprojekte einen Weg erprobt, der geeignet sein könnte, zu einer effizienteren Demokratie und einem menschlicheren Kapitalismus zu führen. In diesem Sinne ergänzt die Bertelsmann Stiftung folgerichtig das Gesamtkonzept des partnerschaftlichen Unternehmens.

§ 2 der Satzung der Bertelsmann Stiftung:

»Zweck und Aufgaben der Stiftung«:

1. Die Stiftung verfolgt ausschließlich und unmittelbar gemeinnützige Zwecke im Sinne des Abschnitts »Steuerbegünstigte Zwecke« der Abgabenordnung.
2. Die Aufgaben der Stiftung sind nach Maßgabe der zur Verfügung stehenden Mittel:

a) die Förderung der Erforschung und Entwicklung von Kommunikationsmedien sowie ihrer Ordnung in der Gesellschaft. Die Förderung schließt die Verbreitung der Forschungsergebnisse ein,

b) die Förderung der beruflichen Bildung in allen Zweigen der Kommunikation, und zwar besonders durch Unterstützung von Forschungsvorhaben, Modellversuchen, Lehrinstituten usw.,
c) die Förderung der Führungstechnik, insbesondere in den Bereichen der Wirtschaft und des Staates durch Forschung, Versuch und Lehre,
d) jegliche Förderung zeitgemäßer und wirkungsvoller Strukturen und Ordnungen in der Gesellschaft, der Publizistik, der Wirtschaft und den Unternehmen, und zwar besonders durch Unterstützung von Forschungsvorhaben, Modellversuchen usw.,
e) die Förderung von Einrichtungen und Maßnahmen auf den Gebieten der Bildung, Religion und Kultur,
f) die Förderung von Einrichtungen und Maßnahmen im Bereich des Sozial- und Gesundheitswesens, u. a. Förderung von Zweckbetrieben im Sinne von § 68 AO 1977,
g) die Förderung von steuerlich begünstigten Einrichtungen und gemeinnützigen Maßnahmen in der Arbeitswelt, und zwar besonders durch Unterstützung von Forschungsvorhaben, Modellversuchen usw.

Im Rahmen der genannten Aufgaben können Projekte auch im Ausland gefördert werden, sofern dies den kulturellen, wissenschaftlichen und sonstigen gemeinnützigen Zielen der Bundesrepublik Deutschland entspricht.

Konsequenzen für die Führungstechnik

Die Umsetzung der neuen Unternehmenskonzeption in die Praxis der Führung kann zum Glück auf eine nahezu parallel verlaufende Entwicklung der modernen Führungstechnik in der Wirtschaft ganz allgemein zurückgreifen. Die wichtigsten Elemente der neuen Führungskonzeption möchte ich nachstehend beschreiben.

Die Delegation von Kompetenz und Verantwortung

Heutzutage verbietet der Schwierigkeitsgrad der Aufgabenstellung zentralistische und autoritäre Führungsstrukturen. Den Beweis dieses Satzes liefert die geringe Leistungsfähigkeit im staatlichen Zuständigkeitsbereich. Auch die Ergebnisse der Planwirtschaft in den Ostblockstaaten sprechen eine deutliche Sprache.

Die Führungsaufgabe wird heute zusätzlich durch den von der Marktwirtschaft ausgelösten Zwang zu einer schnellen Evolution der Arbeitstechnik erschwert. Während ein Teil der Leitungsaufgaben, wie zum Beispiel die strategische Zieldefinition, die Koordination und die Forschung, zentrale

Einwirkungen erforderlich machen, findet der größere Teil der Evolution in den Unternehmensabteilungen mit Nähe zum Markt statt. Die Leistungsoptimierung in den Profitcentern und Betriebsabteilungen verlangt eine kreative unternehmerische Wahrnehmung der Führungsaufgabe direkt in den Betriebseinheiten. Die dort Verantwortlichen müssen einen entsprechend großen Handlungsfreiraum besitzen. Durch Motivation der Mitarbeiter müssen sie die Einsatzbereitschaft und das kreative Mitdenken am Arbeitsplatz sichern. Die Unternehmensspitze selbst wäre mit einer solchen Aufgabenstellung völlig überfordert. Es ist jedoch Aufgabe der Unternehmensleitung, die notwendigen Rahmenbedingungen zu schaffen.

Die Bedeutung der Personalarbeit im dezentral verfaßten Unternehmen

Das Prinzip der delegierten Führungsverantwortung kann nur erfolgreich sein, wenn die übertragenen Aufgaben von kompetenten Führungskräften übernommen werden. Entsprechend gewinnt die Personalarbeit im Bereich der Führung eine sehr viel größere Bedeutung. Die Auswahl und Ausbildung der jungen Nachwuchskräfte darf sich nicht mehr wie früher – oder noch heute in der staatlichen Verwaltung – in erster Linie auf Ordnungsmäßigkeit und Pflichterfüllung beschränken. Das dezentral verfaßte Unternehmen braucht vielmehr für seine vielen Abteilungen und Profitcenter unternehmerisch geschulte Persönlichkeiten. Die dezentral wahrgenommene Führungsverantwortung verlangt andere Grundsätze bei der Personalauswahl und -beurteilung. Insbesondere der Ausbildungs- und Lernprozeß muß anders gestaltet werden.

Der Nachwuchsunternehmer lernt nicht in erster Linie im theoretischen Unterricht, sondern in der Praxis durch die Übernahme der Führungsverantwortung. Er hat zugleich fachliche, führungstechnische und personelle Lektionen zu erfassen. Die selbstverantwortliche Aufgabenstellung beinhaltet auch das Recht, Fehler zu machen und daraus zu lernen. Für das Unternehmen ist diese Form der Ausbildung der Führungskräfte übrigens sehr viel billiger als der Versuch, durch umfassende Dienstvorschriften Fehlentwicklungen zu verhindern. Führungsnachwuchskräfte, die nicht zum Unternehmer heranreifen, sind für das Unternehmen letzten Endes sehr teuer. Vielleicht wird beim »Dienst nach Vorschrift« weniger falsch gemacht. Dafür unterbleibt aber auch die notwendige unternehmerische Entscheidung.

Planung und Kontrolle

Das dezentral geführte Unternehmen darf aufgrund seiner Struktur nicht aus dem Ruder laufen. Planung und Erfolgskontrolle sind sowohl für die Profitcenter als auch konsolidiert für das Gesamtunternehmen unerläßlich. Das dezentral verfaßte Unternehmen muß in einer Art Gegenstromtechnik die Zielvorstellungen der Profitcenterleiter und die Planungen der Unternehmensspitze miteinander verbinden. Nur so läßt sich dezentrale Führung gesamtzielorientiert verwirklichen. Dabei ist es wichtig, daß der Profitcenterleiter sich mit dem aus diesem Prozeß ergebenden Budget und den Mittelfristplanungen identifiziert und diese als seine eigenen Zielsetzungen anerkennt.

Erfolgsbeteiligung der Führungskräfte

Wenn sich das Unternehmen zur dezentralen Führungsstruktur bekennt, muß die materielle Entschädigung der unternehmerisch operierenden Profitcenterleiter dieser Zielsetzung entsprechen. Ich rate deshalb an, nur den kleineren Teil des Jahreseinkommens der Führungskräfte in Form eines festen Monatsgehalts zu zahlen. Der größere Einkommensbestandteil sollte erfolgsbezogen gestaltet werden. Um »finanzielle Ausreißer« nach oben und nach unten abzufedern, empfiehlt es sich dabei, die mögliche Schwankungsbreite der Einkommensentwicklung nach oben und nach unten zu begrenzen.

Die Motivation der Führungskräfte

Das dezentrale Führungssystem setzt eine Identifizierung der Führungskräfte mit ihren jeweiligen Aufgaben sowie mit der Zielsetzung und Verhaltensweise des gesamten Unternehmens voraus. Dementsprechend obliegt es dem Unternehmen, seine Ziele und Ergebnisse deutlich zu machen. Information, aber auch Mitsprache sind unabdingbare Prämissen der Motivation und Identifizierung der Führungskräfte.

Die Koordination dezentrifugaler Bestrebungen

In einem dezentral verfaßten Unternehmen stellt sich die Ausrichtung aller Bestrebungen auf das gemeinsame Unternehmenswohl und -ziel keineswegs automatisch ein. Selbstverantwortlich operierende Geschäftsführer optimieren in erster Linie den Erfolg der von ihnen verantworteten Profitcenter.

Dem Gesamtinteresse des Unternehmens gilt dabei eine geringere Aufmerksamkeit. Entsprechend geben sich in der dezentralen Organisation an den vertikalen und horizontalen Nahtstellen nicht unerhebliche Reibungsverluste. – Es ist die Aufgabe der Unternehmensleitung, durch geeignete organisatorische Maßnahmen und ein sachdienliches Informationssystem solchen Entwicklungen entgegenzuwirken. Insbesondere muß die heute in der Führungslehre bekannte Koordinationstechnik eingesetzt werden. Der durch sie bedingte Arbeitsaufwand steht in keinem Verhältnis zu den enormen Leistungssteigerungen der dezentralen Unternehmensorganisation.

Anwendung moderner Führungstechnik

Bei diesen Anmerkungen zum dezentral geführten Unternehmen gehe ich selbstverständlich davon aus, daß im übrigen alle Erkenntnisse moderner Führungstechnik berücksichtigt werden. In diesem Zusammenhang möchte ich auf die richtige Abstimmung zwischen zentraler und dezentraler Stabsarbeit und auf die Möglichkeiten der strategischen Unternehmensplanung hinweisen. Für besonders wichtig erachte ich auch die richtige Strukturierung der Unternehmensspitze. Die vom Aktiengesetz vorgeschriebene duale Führungsform von Vorstand und Aufsichtsrat kann bei richtiger Anwendung außerordentlich wirksam gestaltet werden. – Eine in unserer Zeit sich neu stellende Aufgabe für die Führungstechnik ist die regelmäßige Überwachung aller Maßnahmen, die geeignet sind, die Unternehmenskontinuität zu gewährleisten.

Struktur und Stil des partnerschaftlichen Unternehmens

In unserer Zeit verbreitet sich der Begriff der Unternehmenskultur. Er umfaßt insbesondere das Selbstverständnis des Unternehmens hinsichtlich seiner Ziele und seiner Verhaltensweisen. Die Bezeichnung »partnerschaftliches Unternehmen« beinhaltet eine von verschiedenen möglichen Varianten der Unternehmenskultur.

Das Selbstverständnis des partnerschaftlichen Unternehmens

Das Selbstverständnis des partnerschaftlichen Unternehmens ist dadurch gekennzeichnet, daß sich alle Beteiligten vom Aktionär über das Management bis zu den Mitarbeitern als Arbeitsgemeinschaft mit gleicher Zielsetzung und Verantwortung verstehen. Die erste Aufgabe aller Unternehmen, einen Leistungsbeitrag für die Gesellschaft zu erbringen, kann nur durch eine Sicherung und vor allem durch eine erfolgreiche Weiterentwicklung des Unternehmens erfüllt werden. Nur dann können auch die spezifischen Interessen jeder Gruppe Berücksichtigung finden. Die Aufgabe der Vertretung der verschiedenen Gruppenziele obliegt primär den Repräsentanten von Kapital und Arbeit. Die Harmonisierung der Standpunkte wird am besten durch das verantwortliche Management gelenkt. Die diesbezüglichen gesetzlichen Vorschriften müssen dabei beachtet werden.

Ein zweites Ziel des partnerschaftlichen Unternehmens ist die Ermöglichung der Selbstverwirklichung für alle im Unternehmen Tätigen. Die Erreichung dieses Ziels würde die Verwirklichung der Forderung nach Humanisierung in der Welt der Arbeit ganz wesentlich erleichtern. Die angestrebte Selbstverwirklichung ist gleicherweise von eminenter wirtschaftlicher und politischer Bedeutung. Daß eine human gestaltete Arbeitswelt soziale Rücksichtnahme und Hilfestellung erfordert, wird heute nicht mehr bestritten. Angesichts unseres gestiegenen Lebensstandards und einer umfassenden Sozialgesetzgebung ist der soziale Aspekt unternehmerischen Tuns zurückgetreten. – Untergeordnete Ziele des Unternehmens stellen auch die Verzinsung des Kapitals und die Erzielung steuerlicher Beiträge für den Staat dar. Diese Leistungen hat das partnerschaftliche Unternehmen ebenso zu erbringen wie alle anderen Wirtschaftsbetriebe.

Die Bedeutung der Harmonisierung

Die Harmonisierung aller Bestrebungen auf eine allseitig anerkannte Zieldefinition ist ohne den Respekt vor der Würde des Menschen und seiner Persönlichkeit nicht möglich. Aus dem Anspruch auf menschliche Respektierung darf aber nicht gefolgert werden, daß alle Mitarbeiter gleich sind in ihren Leistungsbefähigungen und ihren Einkommensansprüchen. Ein nach fachlicher Eignung erfolgender Einsatz ist im Unternehmen ebenso notwendig wie eine differenzierte, leistungsgerechte Bezahlung. Dabei müssen die Unterschiede des Arbeitsentgelts dem Leistungsbeitrag entsprechen. Die seit Jahrzehnten bei der Tarifgestaltung zu beobachtende Tendenz der Nivellierung der Einkommensunterschiede ist höchst bedenklich und nach meiner Auffassung weder sachlich noch menschlich zu rechtfertigen. Auch soziale Motive begründen nicht diese Praxis. – Über die Grundlagen angemessener Bezahlung sollte in einem partnerschaftlichen Unternehmen Konsens bestehen.

Die früher gewiß gerechtfertigten Bestrebungen der Arbeiter und ihrer Gewerkschaften, einen ausreichenden Lohn zu erzielen und vor übermäßigen Belastungen geschützt zu werden, sind heute weitgehend gegenstandslos geworden. Selbst die derzeit geforderte Verkürzung der wöchentlichen Arbeitszeit wird ja mehr mit dem Abbau der Arbeitslosigkeit als einer notwendigen Vorsorge wegen Überbeanspruchung begründet.

Heute muß es vielmehr darum gehen, aus der Monotonie und Fremdbestimmung der Arbeit wieder zu kreativer und mitbestimmender Tätigkeit am Arbeitsplatz zurückzufinden. Diese Forderung ergibt sich gleicherweise aus wirtschaftlichen und menschlichen Erwägungen, denn ohne eine kreative Gestaltung der Arbeit und eine auf Motivation beruhende Leistungsbereitschaft werden wir im Wettbewerb des internationalen Marktes nicht bestehen können. Diese notwendige und mögliche Aktivierung von Reserven im Leistungspotential unserer Mitarbeiter ist für die Konkurrenzfähigkeit der Wirtschaft und zugleich für unseren Lebensstandard von größter Bedeutung.

Die Identifikation mit dem Unternehmen und der persönlichen Aufgabe bedeutet für den einzelnen zugleich mehr Freude an der Arbeit. Ein Erfolg und die Anerkennung der Ergebnisse durch den Vorgesetzten stärken sein Selbstwertgefühl und erhöhen zugleich seine Leistungsbereitschaft. Ein motivierter Mitarbeiter kann die unvermeidlichen Belastungen seines Berufs sehr viel leichter ertragen. Aus dem Zwang, das tägliche Brot zu verdienen, kann so wieder eine Tätigkeit werden, die der einzelne als einen sinnvollen Teil seines Lebens begreift.

Selbstverwirklichung

Wir berücksichtigen nicht die Natur des Menschen, wenn wir immer nur besorgt sind, den Mitarbeiter so wenig wie möglich zu belasten und soviel wie möglich vor Anstrengung zu schützen. Der Mensch nach seiner Veranlagung will sich einsetzen, sich bewähren und Erfolge erzielen. Diesem Wunsch muß das partnerschaftliche Unternehmen durch Schulung und Förderung all derjenigen entsprechen, die bereit und in der Lage sind, einen größeren Leistungsbeitrag zu erbringen.

Die Aufstiegsmöglichkeit im Unternehmen gehört ebenfalls zu dem Forderungskatalog, der im Namen der Menschlichkeit erhoben werden muß. Es muß aber beachtet werden, daß an diesem Aufstieg nicht nur der einzelne, sondern auch sein Unternehmen und die Gesellschaft partizipieren. Ohne fachliche Eliten werden wir weder Fortschritte in unserem Lebensstandard erzielen noch im Wettbewerb der internationalen Leistungsangebote bestehen.

Führung als Mandat

Jegliche menschliche Gemeinschaft bedarf der Strukturierung und der Führung. Die idealistische Utopie der gewaltfreien anarchischen Gesellschaft ist mit der menschlichen Wesensart nicht vereinbar. Neue gesellschaftliche Strukturen sollen der Initiative des einzelnen Freiraum gewähren und ihm die Chance zur Selbstverwirklichung geben. Die Autorität der Führung muß durch fachliche Kompetenz und menschliche Haltung legitimiert werden. Andere Kriterien für die Übernahme von Verantwortung darf und wird es bald nicht mehr geben. Die Zeit, in der das Eigentum das Recht zur Führung verlieh, geht zu Ende. In Zukunft wird nur noch die Befähigung über den Anspruch auf Führung entscheiden.

Wenn als oberstes Unternehmensziel der Leistungsbeitrag für die Gesellschaft gesehen wird, kommt die Übernahme einer Führungsverantwortung der Ausübung eines Mandats gleich. Daraus folgt, daß, wer – aus welchen Gründen auch immer – den Anforderungen seiner Position nicht mehr entsprechen kann, selber zurückzutreten hat beziehungsweise abgelöst werden muß. Soziale Rücksichtnahme ist in diesem Fall keine Rechtfertigung, einen notwendigen Wechsel zu unterlassen.

Führungspositionen sind mit Rechten und Pflichten ausgestattet. Die Pflicht zur gewissenhaften und kreativen Aufgabenbewältigung rechtfertigt die Befugnis, anderen Mitarbeitern Anordnungen zu geben. Die Autorität eines Mandats schafft aber keinerlei menschliche Differenzierungen. Eher ist sie mit einer erhöhten menschlichen Sorgfaltspflicht gegenüber den unterstellten Mitarbeitern verbunden. Der Führungsauftrag des Vorgesetzten beinhaltet auch die Pflicht zur Anteilnahme und Hilfestellung. Der Erfolg einer Arbeitsgruppe oder eines Profitcenters ist normalerweise nicht allein der Erfolg des Vorgesetzten. Die Ergebnisse der Arbeit beruhen auf sehr unterschiedlichen Prämissen, ganz gewiß aber auch auf dem Einsatz und der Fähigkeit der beteiligten Mitarbeiter. Im partnerschaftlichen Unternehmen ist deshalb Bescheidenheit der Vorgesetzten eher am Platz als Stolz. Erfolge sollten immer ein Anlaß sein, die Mitarbeiter zu loben und ihnen Dank auszusprechen. Das gebieten Ehrlichkeit und Fairneß.

Entsprechend der Schwierigkeit seines Leistungsbeitrages hat die Führungskraft Anspruch auf eine überdurchschnittliche Vergütung. Das ist gerecht und widerspricht keinesfalls der Forderung nach Solidarität in einer Arbeitsgemeinschaft. Mit gutem Gewissen darf die besser bezahlte Führungskraft ihren höheren Lebensstandard genießen. Die eigene menschliche Einschätzung im Verhältnis zu den Mitarbeitern darf davon aber nicht berührt werden. Im partnerschaftlichen Unternehmen muß sich der Vorgesetzte als Mitarbeiter unter vielen anderen verstehen. Die ihm zur Bewältigung seiner Aufgabe gewährten Hilfsmittel, wie ein gut ausgestattetes Büro, ein Kraftfahrzeug mit Fahrer, die Berechtigung, Flugzeuge zu benutzen und dergleichen, ist nur sachlich begründet. Personenkult darf mit diesen Mitteln nicht getrieben werden. Im partnerschaftlichen Unternehmen hat der Personenkult überhaupt nichts zu suchen.

Die Einstellung des Vorgesetzten zum Mitarbeiter

Der Umgangston zwischen den Mitarbeitern und ihren Vorgesetzten muß durch das partnerschaftliche Verhältnis und die gemeinsame Aufgabenstellung bestimmt werden. Der Ton sollte menschlich und sachgerecht zugleich sein. Nie darf der Vorgesetzte seinen Mitarbeitern die menschliche Achtung schuldig bleiben. Selbst wenn ein Tadel, wenn Korrekturen auszusprechen sind, bestimmt das menschliche Verhältnis den Ton. Gerade im partnerschaftlichen Unternehmen können Verstöße gegen diese Verhaltensgrundsätze nicht geduldet werden.

Sein Mandat verlangt, daß der Vorgesetzte Anweisungen gibt. Die Mitarbeiter haben diese zu befolgen. Gerade im partnerschaftlichen Unternehmen sollten die Mitarbeiter aber den Sinn von Anweisungen verstehen, anstatt blindlings zu gehorchen. Entsprechend muß der Vorgesetzte durch Erläuterungen und Dialog seine Anordnungen begründen und verständlich machen. Im partnerschaftlichen Unternehmen müssen alle Mitarbeiter den Erfolg wünschen und zu ihm beitragen. Das können sie nur, wenn ihnen die Unternehmenspolitik und die Anordnungen ihrer Vorgesetzten verständlich sind. Befehle werden nicht wirksamer, wenn sie in autoritärer Form erfolgen. Die richtige Präsentation des Sachverhalts und ein menschlicher Ton verleihen dem Vorgesetzten mehr Glaubwürdigkeit und erleichtern die Durchführung. Sind sehr komplizierte oder unangenehme Sachverhalte anzuordnen, zum Beispiel die Einführung eines neuen Arbeitsablaufs, so muß auf dessen Erläuterung gegenüber den Mitarbeitern besonderer Wert gelegt werden. Vielleicht ist es nicht immer möglich, das volle Einverständnis aller zu erreichen. Die Verpflichtung, sich darum zu bemühen, obliegt dem Vorgesetzten aber trotzdem.

Es wäre eine idealistische Fehleinschätzung menschlicher Wesensart, von der Voraussetzung auszugehen, daß alle Mitarbeiter gutwillig und kooperationsbereit sind. In der Veranlagung des Menschen liegen gute und destruktive Eigenschaften nahe beieinander. Die Führung muß bemüht sein, die guten Eigenschaften ihrer Mitarbeiter zu fördern und negative Verhaltensweisen nicht zur Geltung kommen zu lassen. Diese Aufgabe kann auch die Durchsetzung harter Maßnahmen rechtfertigen.

Die notwendige menschliche Rücksichtnahme

auf den Mitarbeiter steht keineswegs im Widerspruch zur Gestaltung einer richtigen Unternehmenspolitik. Nach meiner Erfahrung ist die Führung eines Unternehmens aber gut beraten, wenn sie auf die vertrauensvolle Kooperation mit den Mitarbeitern setzt anstelle autoritärer Zwänge. Enttäuschungen bleiben in dieser Hinsicht einem Vorgesetzten gewiß nicht erspart. Der Saldo der Erfahrungen mit einer auf Vertrauen und Kooperation begründeten Führungskonzeption ist aber eindeutig positiv.

Der Wert von Vertrauen und Kooperation

Auf einem Fundament von Vertrauen und Kooperationsbereitschaft bauen sich im Verlauf der Jahre menschliche Bindungen auf, deren Bedeutung für ein Unternehmen nicht gering eingeschätzt werden sollte. Dies gilt ganz besonders bei erhöhter Leistungsabforderung oder auch in Augenblicken der Gefahr. Die Haltung der Mitarbeiter zu ihrem Betrieb kann dann über Erfolg oder sogar Bestand des Unternehmens entscheiden. Das Haus Bertelsmann hat in seiner 150jährigen Geschichte diese Erfahrung mehrfach machen können. Ohne die Verbundenheit der Mitarbeiter mit ihrem Verlagshaus wäre die Kontinuität des Unternehmens nicht möglich gewesen.

Ich fasse hier zusammen. – Das partnerschaftliche Unternehmen verlangt:

- Eine klare, auf den Menschen ausgerichtete Zielsetzung.
- Eine interne Strukturierung, die Effizienz und Menschlichkeit miteinander verbindet.
- Eine Verfassung, welche die Selbstverwirklichung aller im Unternehmen Tätigen ermöglicht.

Die Kontrolle der Unternehmenskultur

Es obliegt der Führung, in Zusammenarbeit mit den Sprechern der Aktionäre und der Mitarbeiter solche Regeln aufzustellen und durchzusetzen. Zum Glück gibt es heutzutage schon viele Beispiele für eine solche Unternehmenskultur in partnerschaftlichen Unternehmen. Ob die Verhältnisse im partnerschaftlichen Unternehmen den selbst gesetzten Regeln und Zielen entsprechen, bedarf regelmäßiger Kontrolle. Daher muß ein entsprechender Dialog mit den einzelnen Gruppen oder ihren Vertretern organisiert und gepflegt werden.

Das Betriebsverfassungsgesetz bietet für diese Aufgabenstellung eine gute Grundlage – ist aber in der jetzigen Form nicht ausreichend. Für die notwendige Vermittlungsfunktion im partnerschaftlichen Unternehmen, bei der es ja nicht nur um menschliche Belange, sondern auch um sachgerechte Mitsprache geht, ist die Betriebsratspraxis nicht ausreichend.

Regelmäßige Mitarbeiterbefragungen zur innerbetrieblichen Wirklichkeit sind sehr hilfreich. Die gemeinsam mit dem Geschäftsbericht veröffentlichte Sozialbilanz sollte insbesondere im partnerschaftlichen Unternehmen deutlich zur innerbetrieblichen Wirklichkeit Stellung nehmen. Dabei ist Ehrlichkeit und Sachlichkeit in der Darstellung geboten. Profilierungsversuche – gleich, von welcher Seite – haben in dieser Berichterstattung nichts zu suchen.

Das neue Verhältnis von Arbeit, Kapital und Management

Die Relationen dieser im Unternehmen wirkenden Faktoren zueinander und ihre Bedeutung für den Unternehmenserfolg sind durch die kontroverse Behandlung des Themas in den letzten Jahrzehnten für die Öffentlichkeit nicht deutlicher geworden. Die Auseinandersetzung ist überladen mit einer traditionsverhafteten, dogmatischen und eher politischen Argumentation der Interessengruppen. Insbesondere das Thema der paritätischen Mitbestimmung in der Wirtschaft hat unsere Gesellschaft nun schon seit Jahrzehnten kontrovers beschäftigt. Die Debatte über die Zweckmäßigkeit, die Ergebnisse und das richtige Ausmaß der Mitbestimmung will nicht abreißen. Es ist deshalb an der Zeit, eine Analyse der Mitbestimmungsproblematik vorzunehmen.

Zum besseren Verständnis der Entwicklung erinnere ich daran, daß in unserem Land nach dem Wiederaufbau der Wirtschaft der Ausgleich zwischen Kapital und Arbeit und die Lösung der sozialen Frage zu dringenden gesellschaftspolitischen Themen wurden. Die Energie der Politiker konzentrierte sich daher auf diese Aufgabe, auch, weil erkennbar wurde, daß eine ständige Konfrontation die Leistungsfähigkeit der Betriebe in Frage stellen würde.

Das heutige Konzept der sozialen Marktwirtschaft mit seiner ausgleichenden Wirkung war damals noch unzureichend entwickelt.

So ist es rückblickend verständlich, daß unsere Politiker damals den Abbau der Konfrontation als wichtigste Aufgabe ansahen. Sie glaubten, die Lösung des Problems mit der Anwendung der ihnen bekannten politischen Ordnungsstrukturen erreichen zu können. So gipfelte ihr Bemühen in der Forderung, mehr Demokratie in der Wirtschaft zu wagen. Das Betriebsverfassungsgesetz sowie die Mitbestimmungsgesetzgebung sind Ausdruck dieser Bestrebungen.

Meines Erachtens haben die Gewerkschaften die Mitbestimmungsfrage von vornherein aus einer anderen Perspektive betrachtet. Konsens und Kooperation gehören nämlich nicht gerade zu den charakteristischen Merkmalen gewerkschaftlicher Strategie in unserem Lande; leider gilt eher das Gegenteil. Die Gewerkschaften erkannten aber in der Mitwirkungs- und Mitbestimmungsgesetzgebung eine willkommene Stärkung ihrer Position. Die seit damals von den Gewerkschaften stets propagierte Formel von der Gleichberechtigung von Kapital und Arbeit ist sicherlich eher machtpolitisch als sachlich ernst gemeint. Denn schon in dieser Aufbauphase unserer Wirtschaft war deutlich, daß die früher den Interessenkonflikt richtig beschreibende Formel von »Kapital und Arbeit« durch wesentliche Strukturveränderungen in der Wirtschaft sinnentleert war.

Kann das Kapital noch führen?

Das »Kapital« hat nämlich inzwischen viel von seiner ursprünglichen Funktion eingebüßt. Die Aufgaben der Unternehmensführung sind in unserer Zeit so schwierig geworden, daß nur selten noch die »Kapitalisten« selbst die an das Eigentum geknüpften Weisungsrechte ausüben können. In den großen Publikumsgesellschaften dagegen hat zumeist ein professionelles Management die Kapitaleigner in der Unternehmensführung abgelöst. Dieses Management muß aber heutzutage um seines Erfolges willen die Interessen aller im Unternehmen wirkenden Gruppen beachten und gegebenenfalls harmonisieren. Damit wurden die Unternehmensleitungen und nicht mehr die Kapitalbesitzer zum Dialogpartner des Faktors Arbeit. Genau die gleiche Entwicklung ist in den Ländern des Staatskapitalismus eingetreten. Auch die »demokratische« Variante des jugoslawischen Wirtschaftsmodells hat zu keinen anderen Ergebnissen geführt.

Der Einwand, daß die Unternehmensleitung auf andere Weise doch die Repräsentanz des Kapitals darstelle, ist nur sehr begrenzt richtig. Ich erinnere noch einmal daran, daß in der Praxis häufig nicht mehr eindeutig auszumachen ist, ob der Aufsichtsrat den Vorstand oder umgekehrt der Vorstand den Aufsichtsrat in seine Position befördert hat. Auch ist zu beachten, daß die Interessen der Vorstandsmitglieder keineswegs in allen Fällen identisch sind mit den Zielen der Aktionäre. Das zeigt schon die unterschiedliche Bewertung von Umsatzgröße und Gewinn durch beide Gruppen.

Da gesetzliche Maßnahmen im Bereich der Erbschafts-, Vermögens- und Einkommensbesteuerung die Kumulierung der für die heutigen Aufgaben notwendigen Kapitalbeträge in einer Hand oder im Besitz einer Familie längst schon nicht mehr gestatten, erscheint die Charakterisierung der in der Wirtschaft ausschlaggebenden Kräfte mit »Kapital und Arbeit« um so mehr überholt.

Das wird auch daran deutlich, daß heute Erfolg und Kontinuität eines Unternehmens in erster Linie von der Qualifikation der Unternehmensführung zur Bewältigung der gestellten Aufgabe abhängen. »Führung« muß in diesem Zusammenhang als personelle wie führungstechnische Komponente begriffen werden. Beide Komponenten sind nicht gleichwertig; der personellen gebührt deutlich der Vorrang.

Die meines Erachtens unbestreitbare Verschiebung der Fronten von »Kapital und Arbeit« zu dem heutigen Gegensatz »Management und Arbeit« stellt eine wesentliche Veränderung des kapitalistischen Wirtschaftssystems dar. Die bewährte Steuerungsfunktion des Kapitals hat an Bedeutung verloren. Das Interesse des Kapitals beschränkt sich mehr und mehr nur noch auf eine optimale Verzinsung. Wird diese nicht erreicht, so flieht das Kapital aus dem Engagement, anstatt wie früher energisch gegen die Mißstände vorzugehen.

Der Verlust der Führungsfähigkeit der Kapitaleigner hat ein Management heranwachsen lassen, dessen persönliche Ziele keineswegs immer deckungsgleich sind mit denen des früheren Unternehmers und Kapitaleigners. Nur zu oft beobachten wir nämlich, daß das persönliche Einkommensinteresse und das Geltungsstreben eines Managers nicht identisch sind mit einer optimalen Führung des ihm anvertrauten Unternehmens. Diese Versuchung des Vorstands wird verstärkt durch die Managementbeurteilung in der Wirtschaftspresse: Größe beeindruckt dort mehr als echte Führungsleistung.

Diese Entwicklung und ihre Folgen werden erst allmählich verstanden. Meines Erachtens muß die westliche Welt sehr darauf bedacht sein, die bewährte Leistungsfähigkeit unseres auf privatem Eigentum und persönlichem Gewinnstreben beruhenden Wirtschaftssystems zu erhalten. Wahrscheinlich wird eine Antwort auf diese Situation verlangen, Ordnungsstrukturen zu schaffen, die unternehmerisches Verhalten auch im Großbetrieb wieder begünstigen. Dazu gehören insbesondere die Delegation der Verantwortung an den Profitcenterleiter und ein großer Freiraum für kreative unternehmerische Arbeit. Die Vergütung dieser Profitcenter-Verantwortlichen muß entsprechend ihrer unternehmerischen Aufgabenstellung erfolgsbezogen gestaltet werden. Ich bin überzeugt, daß wir auf diese Weise auch und gerade im Großbetrieb wieder Unternehmer heranwachsen lassen können und damit wenigstens teilweise die verminderte Führungsleistung des Kapitals ausgleichen.

Die Mitwirkung des Kapitals selbst bedarf einer Überprüfung und neuen Gestaltung. Der Führungsbeitrag der Hauptversammlung hat sich durch die Erhöhung des Schwierigkeitsgrades der Unternehmensführung und die Zersplitterung des Kapitalbesitzes beinahe zu einer Theatervorstellung reduziert. Durch die Einführung der Stimmrechtsübertragung im Rahmen der Depotstimmregelung wurde zwar die Funktionsfähigkeit der Hauptversammlung erhalten. Diese Praxis hat aber zu einer starken Konzentration wirtschaftlicher Macht geführt und wird zu Recht aus ordnungspolitischen Gründen immer wieder in Frage gestellt.

Wahrscheinlich wird die Lösung der Problematik in einer stärkeren Streuung der Depotstimmen und einer Verringerung der Einflußnahme der Aktionäre in der Hauptversammlung zu finden sein. Wenn die Aktionäre durch ein verbessertes Aufsichtsratswahlverfahren qualifiziertere Repräsentanten in den Aufsichtsrat delegieren würden, wäre viel gewonnen. Ein solches Vorgehen entspräche übrigens durchaus demokratischer Führungserfahrung. Ich bin überzeugt, daß es auf diese Weise möglich sein würde, über die Aufsichtsratsarbeit wieder den notwendigen Führungseinfluß des Kapitals wirksam werden zu lassen. Diese Entwicklung wäre eine adäquate

Antwort auf die gegenwärtige Entartung des kapitalistischen Systems. Zugleich könnte auf diese Weise die durch ihre Größe bedingte Gefährdung der Unternehmen gemildert werden.

Der Beitrag der Politik zur Konfliktlösung

Die von den Politikern beabsichtigte Harmonisierung sollte durch eine gesetzlich verankerte Mitbestimmung der Arbeitnehmervertreter im Aufsichtsrat der großen Unternehmen realisiert werden. Die paritätische Mitsprache der Delegierten der Mitarbeiter sollte bei allen Grundsatzentscheidungen gewährleisten, daß die Interessenlage der Mitarbeiter ausreichend berücksichtigt wird. Ich möchte auch nicht ausschließen, daß in der Meinungsbildung der Politiker der Wunsch mitgespielt hat, über die Mitwirkung demokratisch gewählter Mitarbeitervertreter die Führungsleistung in den Unternehmen zu verbessern. Ein anderes Ziel des Mitbestimmungsgesetzes mag die Erzielung von mehr Verständnis für die Belange des Unternehmens durch die Teilhabe der Mitarbeitervertreter an der Führungsverantwortung gewesen sein.

Rückschauend erscheint es mir beklagenswert, daß bei der Lösung der in der Tat so wichtigen Harmonisierungsaufgabe der Rat qualifizierter Unternehmensführer nicht ausreichend berücksichtigt wurde. Vielmehr kommt es mir so vor, als habe die auf dem Felde der parlamentarischen Demokratie gewonnene Führungserfahrung der Politiker bei der Ausarbeitung des Mitbestimmungsgesetzes zu bedauerlichen und folgenreichen Fehlschlüssen geführt. Zur Begründung dieser Auffassung sei an dieser Stelle eine Erläuterung der unterschiedlichen Aufgabenstellung der Führung in Wirtschaft und Politik eingeschoben.

Nach dem Verständnis der westlichen Demokratien sollen die Unternehmen im Rahmen einer sozial begrenzten Marktwirtschaft einen optimalen Leistungsbeitrag für die Gesellschaft erbringen. Neben dieser wichtigsten Zielsetzung gibt es aber verschiedene Nebenaufgaben, zum Beispiel die Selbstverwirklichung der Mitarbeiter in der Welt der Arbeit, die Aufrechterhaltung von Evolutionsbefähigung und Kontinuität sowie ausreichende finanzielle Erträge für das Kapital und den Staat. Diesen Zielen kann ein Unternehmen angesichts des harten Konkurrenzkampfes nur gerecht werden, wenn es eine optimale Führung besitzt. So kann es nicht überraschen, daß die Entwicklung der Führungstechnik in der Wirtschaft sehr viel rascher erfolgte als in anderen Lebensbereichen.

Das Bemühen um die Optimierung der Führungsleistung muß in den Unternehmen die erste Sorge von Aufsichtsrat und Vorstand sein. Eine Flut von relevanter Literatur zeugt von diesen Bestrebungen. Diese Aufgabe verlangt erhebliche führungstechnische und menschliche Erfahrung. Am besten können die erforderlichen Leistungen im Aufsichtsrat von Personen erbracht werden, die in unternehmerischer Tätigkeit entsprechende Erfahrungen gewonnen haben.

Dieser Definition der Führungsaufgaben in der Wirtschaft sei nun die Charakterisierung der politischen Führungstechnik gegenübergestellt. – Der demokratische Staat ist primär nicht auf Leistungsoptimierung ausgerichtet. Das demokratische Ordnungssystem soll vielmehr die Grundlinien der Politik nach dem Willen der Mehrheit der Wähler ausrichten und dabei notwendigerweise auch Minderheitsinteressen berücksichtigen. Die Abhängigkeit vom Politikverständnis der Wähler hat zur Folge, daß eher auf Mißstände reagiert als vorausschauend gehandelt wird. Hier zeigt sich ein fundamentaler Unterschied zur Wirtschaft: Eine nach solchen Grundsätzen ausgerichtete Unternehmensstrategie würde ein Unternehmen in kurzer Zeit scheitern lassen.

Entsprechend der völlig anders gearteten Aufgabenstellung ist die Führungstechnik in der Demokratie grundlegend unterschiedlich angelegt. Am deutlichsten wird das bei der für den Führungserfolg so wichtigen Personalarbeit. In der Demokratie ist die Masse der Wähler gar nicht in der Lage, die fachliche Kompetenz eines Kandidaten zu beurteilen. Vielmehr entscheidet der Wähler aufgrund von Erklärungen und Versprechungen und nicht zuletzt aufgrund der Beliebtheit des Kandidaten. Dies ist die Praxis, die für alle westlichen Demokratien charakteristisch ist; eine solche Führungstechnik läßt sich als typisch demokratisch bezeichnen.

Im Gegensatz dazu haben alle auf Leistung ausgerichteten Großorganisationen dieser Welt die Bedeutung der Führungstechnik und insbesondere deren personelle Komponente verstanden und entsprechende Konsequenzen gezogen. Diese Organisationen haben nicht den geringsten Zweifel daran, daß die Heranbildung einer qualifizierten Führungsspitze zur wichtigsten Verantwortung des Unternehmens beziehungsweise der Organisation gehört. Die Demokratie versucht eine derartige Systematik in der Rekrutierung des Führungsnachwuchses praktisch kaum, nicht zuletzt wohl deshalb, weil man es nicht für systemkonform hält. Daß so gravierende Systemunterschiede sehr unterschiedliche Führungseliten ausprägen, kann nicht überraschen; im Gegenteil, dies ist ja auch so gewollt.

Diese Betrachtung soll deutlich machen, daß im Normalfall Führungskräfte in Wirtschaft und Politik so wenig austauschbar sind wie ihre Führungssysteme. Die unterschiedlichen Zielsetzungen müssen mit andersartigen Ordnungssystemen bewältigt werden. – Mit dieser Aussage ist keine Wertung beabsichtigt, sondern eine Klarstellung.

Das Mitbestimmungsgesetz aus führungstechnischer Sicht

Das Mitbestimmungsgesetz versucht nun eine Vermischung der Systeme an der Spitze unserer Wirtschaftsbetriebe. In der Absicht, unterschiedliche Gruppeninteressen zu harmonisieren, vermengt man demokratische und wirtschaftliche Führungstechnik. Der mitunter erreichte oder zumindest doch mögliche Harmonisierungseffekt kann über die führungstechnischen Nachteile des Mitbestimmungsgesetzes nicht hinwegsehen lassen. Die verminderte Leistungsfähigkeit der Wirtschaft aufgrund der beeinträchtigten Führungsqualität ist auch politisch nicht zu rechtfertigen.

Die deutsche Demokratie entschied sich für die Marktwirtschaft, weil diese optimale und beständige Leistungen versprach. Die Überbetonung von Gruppeninteressen im Aufsichtsrat der Unternehmen widerspricht aber den Absichten und Überzeugungen der Väter unseres wirtschaftlichen Systems. Auch ist darauf aufmerksam zu machen, daß wir heute viel wirksamere Lösungen für die Harmonisierung von Interessengegensätzen in den Betrieben kennen. Das in den vergangenen Jahrzehnten entwickelte Konzept des partnerschaftlichen Unternehmens hat längst den Beweis erbracht, daß man Effizienz mit Menschlichkeit verbinden kann. Mit der

Selbstverwirklichung des Mitarbeiters in der Arbeitswelt hat das partnerschaftliche Unternehmen einen gesellschaftspolitischen Durchbruch erzielt. Diese Aussage kann sogar noch erweitert werden: Die Leistungsfähigkeit der Unternehmen setzt humanes Verhalten beziehungsweise die Konzeption partnerschaftlichen Verhaltens geradezu voraus.

Die Wirtschaft braucht in unserer Zeit motivierte und engagierte Mitarbeiter, um den Anforderungen des Konkurrenzkampfes sowie des Evolutionszwanges gerecht zu werden. In ein solches Unternehmensprofil paßt die konventionelle Konfrontationsstrategie der Gewerkschaften nicht mehr hinein. Diese Lösungsformel der Partnerschaft ist übrigens keineswegs aus der politischen Führungstechnik hervorgegangen. Das partnerschaftliche Unternehmen verwendet vielmehr die in der Wirtschaft selbst entwickelte, übliche moderne Führungstechnik und verbindet sie mit humanen Grundsätzen, die die Identifikation des Mitarbeiters mit seiner Arbeit und seinem Unternehmen ermöglichen. Schon die bisherigen Erfahrungen rechtfertigen die Vermutung, daß das partnerschaftliche Unternehmen bei dem zunehmenden Wettbewerbsdruck seine überlegene Leistungsfähigkeit beweisen wird. So könnte der Konkurrenzdruck der Marktwirtschaft am Ende zu einer gesellschaftspolitischen Weiterentwicklung in der Wirtschaft führen. – Nach meiner Überzeugung kann das Konzept des partnerschaftlichen Unternehmens erhebliche kreative und leistungsmäßige Reserven mobilisieren und zugleich den vom Mitbestimmungsgesetz angestrebten Harmonisierungseffekt in optimaler Form verwirklichen. – Der Irrtum der paritätischen Mitbestimmung in unseren Wirtschaftsunternehmen stammt aus der politischen Erfahrung unserer Parlamentarier, die an ganz andere Entscheidungsgrenzen gebunden sind; er muß unbedingt berichtigt werden.

Koordination im Aufsichtsrat?

Die Mitbestimmung der Arbeitnehmervertreter hat nach dem Gesetz im Aufsichtsrat der Aktiengesellschaften stattzufinden. Der Aufsichtsrat soll die Arbeit des Vorstands überwachen und die Geschäftsentwicklung kritisch begleiten. Nach den Vorschriften des deutschen Aktiengesetzes darf der Aufsichtsrat jedoch nicht direkt an der Führung des Unternehmens beteiligt sein. Die Genehmigung der vom Vorstand vorgeschlagenen wichtigen Sachentscheidungen fällt aber ebenso in die Kompetenz des Aufsichtsrats wie die Berufung des Vorstands.

Kontrollen, Genehmigungen und Personalentscheidungen verlangen von den Mitgliedern des Aufsichtsrats eine hohe fachliche und menschliche Kompetenz. Die Ausfüllung des Mandats ist ohne ein erhebliches Maß an Arbeitseinsatz und Zeit nicht möglich. Mitsprechen beziehungsweise mitentscheiden kann nur jemand, der ausreichend informiert ist und die Fähigkeit zur Beurteilung besitzt. Diese Voraussetzungen werden von den Mitarbeitervertretern im Hause Bertelsmann beachtet. Ihre Mitsprache insbesondere in dem für menschliche Fragen zuständigen Aufsichtsratsausschuß »Arbeitskreis der Mitarbeitervertreter« verdient das Prädikat eines konstruktiven Führungsbeitrages.

Was unzureichend qualifizierte Aufsichtsräte an Unheil anrichten können, hat die jüngste Wirtschaftsgeschichte in der Bundesrepublik Deutschland an vielen Beispielen demonstriert. Besonders augenfällig ist dabei das Versagen von Aufsichtsräten in gescheiterten Firmen, bei denen die Mandate eher nach politischen, taktischen oder Prestigegesichtspunkten vergeben waren. Ich verweise als Beispiel auf einige Landesbanken, verschiedene große privatwirtschaftliche Betriebe und auf die gemeinwirtschaftlichen Unternehmen der Gewerkschaften. Würde im staatlichen Zuständigkeitsbereich nach Leistungsgesichtspunkten geurteilt, so wäre das Zeugnis für die dortigen Aufsichtsorgane wahrscheinlich nicht viel besser.

Ein Vorstandsmitglied des Deutschen Gewerkschaftsbundes formulierte 1980/81 zur Mitbestimmung innerhalb der gewerkschaftseigenen Betriebe einige bemerkenswerte Aussagen:

»Bei unseren eigenen Betrieben haben wir im Bereich der Mitbestimmung das verwirklicht, wofür wir seit Jahrzehnten kämpfen . . .«

»Mit diesen Darlegungen wollte ich keinen Lobgesang auf unsere eigenen Unternehmen anstimmen, sondern aufzeigen, wie Mitbestimmung von uns praktiziert wird.«

Aus heutiger Sicht und nach relativ kurzer Frist kann dazu angemerkt werden, daß die Gewerkschaft die Unsinnigkeit ihrer Mitbestimmungskonzeption in ihren eigenen Betrieben in grotesker Weise demonstriert hat. Es würde die Gewerkschaft ehren, wenn sie aus diesem Debakel einen sachgerechten Schluß ziehen würde. Bei dieser Gelegenheit sollte ebenso das Konzept der gemeinwirtschaftlichen Betriebe einer Prüfung unterzogen werden. Man muß in der Gewerkschaft doch endlich erkennen, daß Unternehmensführung völlig andere Voraussetzungen hat als demokratisch organisierte Gewerkschaftsarbeit. Leider ist bis heute bei unseren Gewerkschaften eine Überprüfung ihres Mitbestimmungskonzepts nicht erkennbar. Im Gegenteil: Man verstärkt den Druck, um die Mitbestimmung in Richtung des Montan-Mitbestimmungsmodells auszuweiten. So bestätigt sich wieder einmal die alte Erfahrung, daß dort, wo das Dogma herrscht, die Interessen der Menschen schlecht aufgehoben sind.

Der Mitarbeitervertreter im Aufsichtsrat

Der Leser möge selbst die Konsequenzen aus diesen Prämissen und Ergebnissen in bezug auf den Wert der Mitbestimmung ziehen. Ich möchte in dem Zusammenhang jedoch nicht außer acht lassen, daß die Mitarbeitervertreter aus ihrer internen Kenntnis des Unternehmens auch wertvolle Anregungen sachlicher und personeller Art in die Aufsichtsratsarbeit einbringen können. Aufgrund einer besseren Kenntnis der Entscheidungsgrundlagen und Handlungszwänge wird so oft ein zusätzlicher Harmonisierungseffekt erreicht.

Diese positiven Fakten beweisen noch nicht die für den Aufsichtsrat erforderliche Kompetenz in Führungsfragen. Die nach demokratischen Kriterien gewählten Mitarbeitervertreter können aufgrund ihres beruflichen Werdegangs die notwendigen Kenntnisse für ihr Mandat gar nicht besitzen. Dem Argument der Gewerkschaften, daß diese Mängel eben durch entsprechende Schulung zu beheben seien, muß entschieden widersprochen werden. Unternehmerische Kompetenz gewinnt man durch Erfahrung in der Verantwortung; keinerlei Schulung und auch kein Hochschulstudium können dieses »learning by doing« ersetzen. Sie sind Voraussetzung und notwendige Ergänzung dazu.

Hinzu kommt, daß sich die Kontrollfunktion des Aufsichtsrats keineswegs auf die Überwachung der

Ordnungsmäßigkeit der Geschäftsführung beschränken darf. Viel wichtiger ist die Aufgabe, die vom Vorstand formulierte Geschäftspolitik zu bewerten und gegebenenfalls zu genehmigen. Wer angesichts dieser Aufgabenstellung selber sieht, daß er keine führungstechnische Erfahrung hat und nicht die notwendige Fach- und Personalkenntnis mitbringt, dürfte eigentlich überhaupt nicht mitbestimmen, wenn er sein Mandat ernst nimmt. Viele verantwortungsbewußte und ehrliche Mitarbeitervertreter im Aufsichtsrat nehmen diese Haltung übrigens gelegentlich auch ein.

Man könnte nun sagen, daß eine bessere Auswahl der von den Mitarbeitern delegierten Aufsichtsräte auch zu einem sachgerechteren Verhalten führen würde. Theoretisch ist das richtig – in der Praxis erscheint mir eine solche Entwicklung aber wenig wahrscheinlich. Ich kann mir kaum vorstellen, daß die Kandidaten der Mitarbeiter beziehungsweise der Gewerkschaften auf ein mögliches Mandat verzichten würden, um zum Beispiel einem fachlich qualifizierten Wirtschaftsberater oder Unternehmer diesen Platz zu überlassen. So viel Selbstlosigkeit wird es ebensowenig geben wie die hochqualifizierten Kandidaten, von denen unsere Betriebsräte und Gewerkschafter so überzeugt sind, daß sie die Interessen der Mitarbeiter und des Unternehmens ausgewogen vertreten würden.

Folgen der Parität

Im Regelfall sieht die Arbeit in den Aufsichtsräten jedoch anders aus. Die Polarisierung von Kapital und Arbeit beherrscht das Feld. Keine Seite will riskieren, im Abstimmungsprozeß aufgrund von Uneinigkeit zu verlieren. Dementsprechend werden die wichtigsten Entscheidungen bereits in gesonderten Sitzungen von Kapital und Arbeit vorbereitet. Abweichende Auffassungen einzelner Aufsichtsratsmitglieder sind dann in der Sitzung des Gesamtaufsichtsrats nicht mehr opportun – es sei denn, man wollte sein Mandat riskieren. Der aus der paritätischen Besetzung entstandene Zwang zur Solidarisierung hat den kreativen Dialog im Aufsichtsrat entscheidend entwertet.

Folgerichtig sind auch die Vorstände an einem Dialog mit dem Aufsichtsrat, der ihnen sehr helfen könnte, immer weniger interessiert. Sie bezweifeln die Kompetenz vieler Aufsichtsratsmitglieder und versuchen zumeist erfolgreich, einer solchen Aufsicht auszuweichen. Langsam degeneriert das Instrument des Aufsichtsrats damit zu einer inhaltlosen Fassade. In einer Zeit, in der gerade die dualistische Führungsstruktur an der Spitze unserer Unternehmen von größtem Wert sein könnte, reduziert die Mitbestimmung die wichtige Kooperation zwischen Aufsichtsrat und Vorstand – ohne Zweifel eine beklagenswerte führungstechnische Entwicklung.

Solche Entwicklungen sind für die meisten großen Unternehmen feststellbar; andererseits betonen viele gut geführte Unternehmen, mit der paritätischen Mitbestimmung ohne Schwierigkeiten fertig zu werden. – Ein solches Resultat setzt allerdings außergewöhnliche Führungsqualitäten des Vorstands und des Aufsichtsrats voraus. Die Vertreter beider Bänke haben dann nämlich zu akzeptieren, daß das Wohl des Unternehmens deutlich vor den Interessen der von ihnen vertretenen Gruppen rangiert. Der Vorstand seinerseits muß davon überzeugt sein, daß die Kooperation mit dem Aufsichtsrat für ihn eine wichtige führungstechnische Hilfe darstellen kann. Die Vertreter der Mitarbeiter im Aufsichtsrat müssen stets der Tatsache eingedenk sein, daß die Wahrnehmung ihres Mandates die Interessen des Gesamtunternehmens nicht beeinträchtigen darf.

Alle Mitglieder der Führungsorgane von Aufsichtsrat und Vorstand müssen sich darüber im klaren sein, daß in der Demokratie die Autonomie des Unternehmens im Rahmen der Marktwirtschaft nur abgeleitet ist aus der obersten Zielsetzung des Unternehmens, nämlich einen optimalen Leistungsbeitrag für die Gesellschaft zu erbringen. Von solchen Prämissen auszugehen, scheint mir nur im Ausnahmefall berechtigt zu sein. Für eine gesetzliche Regelung darf man Ausnahmebedingungen dieser Art nicht voraussetzen.

Die Tatsache, daß man in vielen Unternehmen mit der Mitbestimmungsproblematik »zurechtkommt«, ist also noch kein Beweis für die Richtigkeit der Konzeption. Meiner Erfahrung nach würde eine Drittelparität für die Mitarbeitervertreter im Aufsichtsrat vollauf genügen, das gewollte Ziel zu erreichen.

Es ist bedauerlich, daß die geistigen Väter des Mitbestimmungsgesetzes keine hinreichenden Kenntnisse von der Führung im Bereich der Wirtschaft hatten; wir hätten uns manchen Umweg sparen können. Die angestrebten Ziele hätten bei sachgerechter Gestaltung der Gesetze sehr viel einfacher und wirkungsvoller erreicht werden können. Bei den derzeitigen Vorschriften werden wir angesichts der durch sie bedingten führungstechnischen Nachteile nicht stehenbleiben dürfen. Eine sachgerechte Weiterentwicklung des Mitbestimmungsgesetzes ist gar nicht zu umgehen. – Eine solche Empfehlung zur Änderung des Mitbestimmungsgesetzes muß allerdings durch die Forderung an das Kapital ergänzt werden, seinerseits nur wirklich qualifizierte Vertreter in den Aufsichtsrat zu entsenden.

Die Politiker mögen entschuldigend dazu anmerken, daß schließlich jede Entwicklung mit Risiken und Fehlern behaftet sei. Niemand weiß das aus eigener Erfahrung besser als gerade die Unternehmer. Aber der Unternehmer weiß auch, daß man aus Fehlern lernen muß. Dieser Lernprozeß steht unserer Gesellschaft – und insbesondere unseren Politikern – jetzt bevor.

Mir scheint, in dieser Situation sollten wir die

deutsche Neigung zu theoretischen oder gar dogmatischen Lösungen überwinden und mit mehr Aufmerksamkeit verfolgen, was in der Praxis geschieht und wie vergleichbare Prozesse in anderen Ländern ablaufen. Ideale Lösungen sind zwar bisher nirgendwo erkennbar. Es lohnt aber, die verschiedenartigen Bemühungen und ihre Ergebnisse zu studieren. Wir kommen nämlich um die Erkenntnis nicht herum, daß unsere Zeit auch und gerade in der Wirtschaft eine Ordnung verlangt, die Menschlichkeit und Effizienz verbindet. Von diesen noch zu entwikkelnden Strukturen werden unser Lebensstandard und unsere Lebensqualität sowie die politische Stabilität unserer Gesellschaft abhängen.

Wenn wir die Notwendigkeit eines solchen Evolutionsprozesses begreifen, so müssen wir aber auch bereit sein, neue Lösungen zu erproben. Dabei ist es nicht hilfreich, wenn die Tarifparteien nur bestrebt sind, ihre Besitzstände zu verteidigen. Mit einer derartigen Haltung wird unser Land sehr bald zum Schlußlicht der wirtschaftlichen Entwicklung werden. Sinnvoll ist es statt dessen, die gegebene Situation realistisch zu analysieren und daraus erfolgversprechende Strategien abzuleiten. Dazu gehören Mut, Sachverstand, Menschlichkeit und die Bereitschaft, die eigenen Interessen in angemessener Weise in die Gemeinschaft einzuordnen. Die uns aufgegebenen neuen Lösungen müssen auf das Wohl des Menschen und der Gesellschaft gerichtet sein.

Für mich besteht kein Zweifel, daß die Aufgabe lösbar ist. Bereits heute sehen wir an vielen Beispielen, daß eine Synthese von Menschlichkeit und Effizienz erfolgreich sein kann. Mir scheint, daß in dieser Richtung der Schlüssel für die Bewältigung der Harmonisierungsaufgabe auch in der Gesellschaft zu suchen ist.

Der Mißbrauch der Mitbestimmung

Während die Wirtschaft bisher vorwiegend defensiv auf die Mitbestimmungsgesetzgebung reagierte, begriffen die Gewerkschaften sehr schnell, welche Möglichkeiten ihnen die Politik beschert hatte. Zwar verhielt man sich in den ersten Jahren in den mitbestimmten Gremien relativ zurückhaltend. Man war sich nämlich bewußt, daß die delegierten Mitarbeiter vor nicht ganz einfache Aufgaben gestellt waren. Auch wollte man wohl aus politischer Klugheit die Gesetzgebung nicht diskreditieren. Die strategische Chance wurde aber von den Gewerkschaften begriffen. – Die heutige Forderung, trotz fragwürdiger Ergebnisse die Mitbestimmung auszuweiten, bestätigt meine Einschätzung, daß die Gewerkschaften die Mitbestimmungsgesetzgebung vorwiegend politisch und nicht wirtschaftlich sehen.

An dieser Stelle sei noch einmal deutlich gemacht, daß durch das Mitbestimmungsgesetz sowohl die

Wahrnehmung der Mitarbeiterinteressen als auch Einfluß auf die Unternehmenspolitik erreicht werden kann. Die Praxis hat aber erwiesen, daß sich die Mitarbeitervertreter ganz überwiegend auf die Durchsetzung der Interessen ihrer Mandanten konzentrieren. Während diese Haltung beim Betriebsverfassungsgesetz beabsichtigt war, läuft eine solche Praxis beim Mitbestimmungsgesetz auf massives Fehlverhalten hinaus. In den Aufsichtsräten der mitbestimmten Unternehmen vertreten die Delegierten der Mitarbeiter allzu oft die Interessen ihrer Mandanten, ohne die Rückwirkung auf das Gesamtunternehmen ausreichend abzuwägen. Mit Hilfe ihres paritätischen Status können sie dabei erhebliche Wirkungen erzielen. Es muß allen klar sein, daß ein solches Vorgehen nicht dem Wohl des Unternehmens dient. Inzwischen wird immer deutlicher, daß das im Zeichen der Demokratisierung erlassene Mitbestimmungsgesetz das System der Marktwirtschaft, das heißt die Wirtschaftsordnung der Demokratie selber, konterkariert.

Die Weiterentwicklung der Mitbestimmung

So komme ich zu dem Schluß, daß die entscheidenden Fehler des Mitbestimmungsgesetzes nicht durch seine bessere Handhabung behoben werden können. Nur eine Gesetzesänderung vermag den Mißstand zu bessern. – Lösungen sehe ich in einer Drittelparität für die Mitarbeitervertreter oder in der Möglichkeit, auf Antrag der Mehrheit der Vertretung von Kapital oder Arbeit bei einzelnen Tagesordnungspunkten nur gruppenweise abzustimmen. Zur Begründung dieser Vorschläge verweise ich auf entsprechende Versuche und Erfahrungen im In- und Ausland mit der Drittelparität im Aufsichtsrat. Die gegenwärtige Meinungsbildung über die Möglichkeiten einer gesetzlichen Regelung der Mitbestimmung in der Europäischen Gemeinschaft sollte diese Zusammenhänge ebenfalls berücksichtigen.

Zwar bleibt auch bei der Drittelparität im Aufsichtsrat der grundsätzliche Nachteil unzureichender Qualifikation und deshalb einseitiger Interessenwahrnehmung der Mitarbeitervertreter bestehen. Der Entscheidungsprozeß im gesamten Aufsichtsrat wird aber dadurch weniger belastet als heute. Meinen Erfahrungen zufolge ist es auch bei einer Drittelparität möglich, Mitarbeiterinteressen angemessen zu berücksichtigen. Die Repräsentanz des Faktors Arbeit im Prozeß der Meinungsbildung des Aufsichtsrats, vor allem aber die Qualität der Argumentation, werden verhindern, daß unbillige Entscheidungen getroffen werden.

Diese Argumentation richtet sich nicht gegen eine angemessene Berücksichtigung der Mitarbeiterinteressen. Es geht mir vielmehr um den Nachweis, daß der Versuch, die Harmonisierung bestehender

Gruppenkonflikte mit der aus der Politik übernommenen Demokratisierung der Wirtschaft zu erreichen, vom Ansatz her falsch war.

Erfahrene westliche Demokratien weisen die deutsche Konzeption mit gutem Grund und aus demokratischer Überzeugung zurück. In diesen Ländern ist man sich darüber im klaren, daß im politischen und wirtschaftlichen Raum völlig unterschiedliche Ordnungssysteme Gültigkeit haben müssen. Darin wird kein Widerspruch gesehen. Man weiß, daß gerade die Kombination der beiden Systeme die besten Lebensbedingungen für die Bürger gewährleistet.

Das demokratische System soll die Gesellschaft nach dem Willen der Mehrheit ordnen; der Wirtschaft hingegen obliegt es, optimale Leistungen für die Gesellschaft anzubieten. Der Markt und die Nachfrage entscheiden dann durchaus demokratisch über gewünschte und unerwünschte Entwicklungen. Die Durchsetzung demokratischer Führungstechniken in den Unternehmen würde dagegen den vom demokratischen Staat erteilten Auftrag der bestmöglichen Versorgung der Bürger behindern. Möglicherweise würden demokratische Verhältnisse im Unternehmen sich für eine begrenzte Zeit zum Vorteil der Mitarbeiter auswirken – mit Sicherheit dann aber langfristig zum Nachteil des Unternehmens, seiner Mitarbeiter und der Gesellschaft.

So läuft alles darauf hinaus, daß der richtige und

viel wirkungsvollere Ansatz zur Überwindung der Konfrontation der Gruppeninteressen in der Wirtschaft durch den Begriff des »partnerschaftlichen Unternehmens« charakterisiert wird. Der Beweis für die Funktionstüchtigkeit dieses Modells ist bereits vielfältig erbracht worden. Auch im partnerschaftlichen Unternehmen hat die Mitbestimmung ihren Platz. Sie ist dort aber so in das Ordnungssystem eingegliedert, daß sie die Leistungsfähigkeit der Führung und des Unternehmens steigert und gleichzeitig die Interessen aller im Unternehmen wirkenden Gruppen berücksichtigt.

Die Mitsprache am Arbeitsplatz

Angesichts aller Erfahrungen sollte man der Frage nachgehen, ob nicht die Mitbestimmung an anderer Stelle als gerade im Aufsichtsrat viel kompetenter und für alle Beteiligten befriedigender wahrgenommen werden könnte. Ich meine insbesondere die Mitsprache am Arbeitsplatz in allen Bereichen und auf allen Ebenen. Längst hat sich gezeigt, daß auf diese Weise bessere Lösungen zustande kommen; ich verweise nur auf die Ergebnisse der japanischen »Quality Circles«. Viel brachliegender Sachverstand kann in unseren Betrieben noch aktiviert werden. Aber auch die Motivation unserer Mitarbeiter würde erheblich steigen, wenn sie durch Information und Mitsprache Einfluß auf die Gestaltung ihrer Arbeit nehmen könnten.

Was die Japaner uns vorgeführt haben, begreifen mehr und mehr Firmen in der westlichen Welt. Neuerdings scheint es sogar so, daß auch unsere Gewerkschaften erfassen, daß sich hier eine Möglichkeit bietet, die Qualität des Arbeitslebens zu verbessern. Was immer auch heute unter »Humanisierung der Welt der Arbeit« verstanden wird: Das Mitdenken und Gestalten am Arbeitsplatz gehören fraglos dazu, und diese Form der Mitbestimmung interessiert die Mitarbeiter tatsächlich. Das kann man vom Mitbestimmungsgesetz schwerlich sagen: Dort solidarisiert man sich nur mit den Forderungen der Gewerkschaft, ohne eine konkrete Vorstellung von der Mitbestimmungspraxis zu besitzen. Wenn die Gewerkschaft sich wirklich für die Belange der Basis einsetzen will, so hätte sie bei der Gestaltung einer sachgerechten Mitspracheregelung am Arbeitsplatz eine lohnende Aufgabenstellung. (Siehe Seite 163)

Bereits bei der Bewertung des Mitbestimmungsgesetzes habe ich darauf hingewiesen, daß Mitsprache nur bei Vorhandensein der erforderlichen Qualifikation beziehungsweise des notwendigen Sachverstandes sinnvoll ist. Diese Prämisse muß gelegentlich auch in anderen Zusammenhängen beachtet werden. Das Management selber besitzt nämlich in Spezialfragen oft nur eine begrenzte Kompetenz, etwa auf künstlerischem und wissenschaftlichem

Feld. Hier ist die Mitsprache von Spezialisten unerläßlich. Sie können dem Management zwar nicht die Verantwortung für die Unternehmensführung abnehmen, denn schließlich müssen auch Spezialfunktionen in den Gesamtablauf der Arbeit integriert werden, aber in fachlichen Fragen darf auf die Mitsprache der Spezialisten nicht verzichtet werden.

Mitsprache im öffentlichen Dienst

Ich möchte in dem Zusammenhang auch auf die Frage eingehen, ob im öffentlichen Dienst alle Möglichkeiten sachgerechter Mitsprache ausgeschöpft werden. Dazu einige kurze Anmerkungen. Hoheitliche Aufgabenstellungen beschränken naturgemäß die Möglichkeit paritätischer Mitbestimmung. Mir scheint aber, daß nur der allergeringste Teil der Tätigkeiten der öffentlichen Hand mit dem Prädikat einer »hoheitlichen Funktion« richtig charakterisiert wird. Eine Klärung dieser Frage würde mit Sicherheit in unserem Staat erhebliche Konsequenzen haben, auch was die Angemessenheit des Beamtenstatus in vielen Tätigkeitsbereichen betrifft.

Ich bin überzeugt, daß die moderne, leistungsorientierte Führungstechnik in den meisten staatlichen Aufgabenbereichen erfolgreich praktiziert werden könnte. Das betrifft zum Beispiel Verwaltungsaufgaben und die öffentliche Zuständigkeit im Bereich der Bildung und des Gesundheitswesens, wo traditionelle Denkschemata eine dringend notwendige Evolution verhindern. Unsere Politiker sollten sich deshalb einmal die Frage stellen, wie lange der Bürger wohl bereit ist, die derzeitige Ineffizienz der öffentlichen Hand und die damit verbundene Vergeudung von Steuergeldern mit anzusehen. Es mag sein, daß diese Thematik in unserem Lande bisher keine hinreichend qualifizierte Untersuchung gefunden hat. Es könnte aber auch sein, daß unsere Politiker selber weder die notwendige Kompetenz noch den Mut haben, so »heiße Eisen« anzurühren. Eines Tages werden aber wirtschaftliche Zwänge diese Friedhofsruhe beenden! Wir dürfen nämlich nicht verkennen, daß die Industrie allein den Kampf gegen die internationale Konkurrenz nicht gewinnen kann. Auch der Staat hat die Verpflichtung, in seinem Bereich einen entsprechenden Leistungsbeitrag zu erbringen.

Grenzen und Folgen der Mitsprache

Wenn ich die Einführung der Mitsprache am Arbeitsplatz empfehle, so möchte ich zugleich davor warnen, dieses Mal die gleichen führungstechnischen Fehler zu begehen wie im Falle des Mitbestimmungsgesetzes. Die Mitsprache am Arbeitsplatz muß zwar ebenfalls formal geregelt werden. Die

Mitsprache am Arbeitsplatz muß aber eher auf Beratung und Meinungsbildung abgestellt werden als auf den Entscheidungsprozeß. Wir würden die Führungshierarchie in den Betrieben bei weitem überfordern, wenn wir in den Abteilungen, Profitcentern und Firmen zu Strukturen kämen, wie wir sie jetzt im mitbestimmten Aufsichtsrat vorfinden.

Die Hauptzielsetzung einer neuen Mitspracheregelung muß auf die Mitwirkung in fachlichen Fragen am Arbeitsplatz ausgerichtet sein. Die Aufgabe kann keineswegs an die Betriebsräte übertragen werden, die nach den Bestimmungen des Betriebsverfassungsgesetzes die persönlichen Interessen ihrer Mitarbeiter vertreten. Ihr Sachverstand wäre für eine Mitspracheregelung am Arbeitsplatz nicht ausreichend. Statt dessen müssen alle Mitarbeiter eingeladen sein, nach ihrer Einsicht und Erfahrung den Arbeitsprozeß mitzugestalten. Eine solche Mitwirkung würde zugleich eine entscheidende Verbesserung der Selbstverwirklichung in der Welt der Arbeit bedeuten. Um es ganz deutlich zu machen: Es geht bei einer Mitspracheregelung nicht um die Erweiterung von Machtbereichen und auch nicht um eine Demokratisierung, sondern um eine bessere Gestaltung des Arbeitsablaufes und um mehr Menschlichkeit in der Welt der Arbeit. Das Austragen von gesellschaftlichen Differenzen und Überzeugungen gehört weder in den Aufsichtsrat noch an den Arbeitsplatz. – Das Haus Bertelsmann hat eine entsprechende Mitspracheregelung in zehnjähriger Arbeit entwickelt und erprobt. Die Ergebnisse sind sowohl in menschlicher wie auch in fachlicher Hinsicht überaus befriedigend.

Die Verantwortung des Staates für die Strukturen in der Wirtschaft

Mir scheint es an der Zeit, daß unsere Regierung ihr Verhältnis zu den Tarifpartnern neu bestimmt. Führungstechnisch wie politisch ist es richtig, die Zuständigkeit für Strukturfragen im Bereich der Wirtschaft an die Tarifpartner zu delegieren. Meines Erachtens sollte die Regierung aber überprüfen, ob der den Tarifpartnern zugeordnete Auftrag tatsächlich im Sinne des Gemeinwohls wahrgenommen wird. Die Abstinenz der Regierung in dieser Richtung erscheint mir unzulässig. Um Mißverständnissen vorzubeugen: Ich trete nicht für mehr Staat ein in einer Zeit, da uns tagtäglich dessen begrenzte Kompetenz demonstriert wird. Aber ich will auf die Verantwortung des Staates hinweisen, der reagieren muß, wenn die den Tarifpartnern eingeräumte Autonomie auf Kosten der Allgemeinheit praktiziert wird.

Diese Situation und damit ein entsprechender Bedarf an Staatsaktivitäten ist seit geraumer Zeit gegeben. Ich erinnere an die Entwicklung des Arbeitskampfrechtes, an die Lohnabschlüsse in den siebziger Jahren mit ihrer inflationstreibenden Wirkung und an die völlig unzureichenden Initiativen zur Bewältigung der Arbeitslosigkeit.

Das mindeste, wofür die Bundesregierung in einer solchen Situation zu sorgen hat, ist die Gewährleistung des Dialoges zwischen den Interessenvertretungen. Zu einem solchen Dialog sind Gruppenvertreter in einer Demokratie verpflichtet. Allerdings wird es heutzutage nicht genügen, die einstige »konzertierte Aktion« wieder zu beleben. Die Fragen, um die es jetzt geht, sind für Gipfelkonferenzen zu umfassend. Nur ein ständiger und detaillierter Meinungsaustausch im Rahmen kodifizierter Regelungen kann die für unsere gesamte Gesellschaft so wichtige Auseinandersetzung harmonisieren. Vor allem genügt es nicht, erst beim Aushandeln neuer Verträge in dann gereizter Atmosphäre miteinander zu sprechen. Sachgerechte, vernünftige Entwicklungen verlangen eine systematische Bearbeitung. Da das zur Zeit nicht gegeben ist, muß die Regierung die Initiative ergreifen. Andere Länder bieten dazu lehrreiche Beispiele.

Zwang zum kooperativen Dialog

Vermutlich würde der Dialog der Tarifpartner konstruktiver verlaufen, wenn die im Betriebsverfassungsgesetz enthaltene Verpflichtung zu vertrauensvoller Kooperation besser verstanden und vor allem in der Praxis berücksichtigt würde. Denn das sollten alle Beteiligten, die Politiker ebenso wie die Tarifpartner, begreifen: Die Voraussetzung für erfolgreiche Arbeit im Bereich der Wirtschaft ist heutzutage – und noch mehr in der Zukunft – Kooperation und Partnerschaft.

Die Aufgaben der Unternehmen werden immer schwieriger, der internationale Konkurrenzdruck wird immer härter. Nur bei ehrlicher Bereitschaft zur Zusammenarbeit und einer entsprechenden Motivation aller Beteiligten kann die erforderliche Kreativität und Einsatzbereitschaft auf allen Ebenen des Unternehmens erreicht werden. Nur so lassen sich Bestand und Weiterentwicklung der Unternehmen sichern.

In der Zukunft wird die Möglichkeit, den allgemeinen Lebensstandard zu verbessern, nicht mehr durch Umverteilung bewirkt werden können. Wir müssen begreifen, daß in den Betrieben effizienter und zugleich menschlicher gearbeitet werden muß. Nur wenn wir erfolgreicher sind, können wir uns einen höheren Lebensstandard leisten. Für beide Tarifpartner zeigen die Wegweiser deshalb Schilder mit den Worten »Partnerschaft« und »Humanisierung«.

Es scheint mir für beide Tarifpartner an der Zeit, eine grundlegende Bestandsaufnahme der Zielsetzungen vorzunehmen und daraus eine neue Strategie zu entwickeln. Ausgangspunkt für alle Überlegungen muß die Erkenntnis sein, daß die übergeordnete Aufgabe eines Unternehmens und der Wirtschaft heute der Leistungsbeitrag für die Gesellschaft ist. Dementsprechend müssen Gruppeninteressen zwar berücksichtigt, aber untergeordnet werden. Die Selbstverwirklichung in der Welt der Arbeit muß als wichtiger Beitrag zur Humanisierung verstanden und für alle angestrebt werden. Das kann am besten im Rahmen moderner Führungstechnik, nicht aber auf dem Weg einer Demokratisierung der Wirtschaft geschehen.

Die Bedeutung von Kooperation, Mitsprache und Partnerschaft in bezug auf die zukünftige Lebensqualität muß auch von den Bürgern unseres Landes erfaßt werden. Die Medien, die Politiker und die Tarifpartner müssen zu diesem Informationsprozeß ihren Beitrag leisten. Es ist mir bewußt, daß in der Demokratie die Durchsetzung neuer Konzeptionen ohne Mehrheiten nicht möglich ist. Deshalb ist Überzeugungsarbeit um so notwendiger. Vergleichbare Lernprozesse lehren uns, daß hier eine Jahrhundert-Aufgabe angesprochen ist. Aber dennoch lohnt es, den Anfang zu machen.

Alle Parteien der westlichen Demokratien bejahen in ihren Grundsatzprogrammen den Anspruch des Menschen auf Selbstverwirklichung. Auch die Forderung nach einer gerechteren Vermögensverteilung unter Beibehaltung der marktwirtschaftlichen Ordnung wird überall gefordert. Diesen überkommenen politischen Zielen begegnet heute zunehmend die Erkenntnis, daß das kapitalistische System auch dann funktionstüchtig bleibt, wenn die riesigen Zusammenballungen des Kapitals in den Händen weniger von einer starken Streuung des Aktienbesitzes abgelöst wird.

Natürlich ergeben sich durch diesen Wandlungsprozeß Probleme und sogar Gefahren. Ich habe bereits auf die weniger sachgerechte Führungsleistung eines am Unternehmen nicht beteiligten Geschäftsführers im Verhältnis zum Eigentümer-Unternehmer hingewiesen. Solche Schwierigkeiten lassen sich aber beheben. Zwar nicht durch Demokratisierung oder auf dem Wege ferngesteuerter Fonds, wohl aber durch eine bessere und flexiblere Gestaltung des Kapitalmarkts und eine sachgerechte Aufteilung der Kompetenzen von Kapital und Management.

Das Kapital muß wieder lernen, seinen Einfluß qualifiziert wahrzunehmen und auf der anderen Seite dem Management unternehmerische Arbeitsbedingungen einzuräumen. Wie viele Beispiele zeigen, lassen sich diese Forderungen führungstechnisch bewältigen. An einer solchen Verbesserung der marktwirtschaftlichen Ordnung sollten wir alle um so mehr interessiert sein, als sich bisher eine gleichwertige oder gar überlegene Alternative noch nicht gezeigt hat.

Die Konzeption des partnerschaftlichen Unternehmens überbrückt die Gegensätze von Kapital, Arbeit und Management. Dieses Unternehmensmodell harmonisiert die verschiedenen Interessen und richtet alle Bestrebungen auf das gemeinsame Ziel aus. Die Verbindung von Humanität und Effizienz entspricht dabei sowohl den Forderungen aller Beteiligten als auch dem Interesse der Gesellschaft.

Die Unternehmensverfassung: Spiegel des Selbstverständnisses des Unternehmens

Eine Gemeinschaft verlangt aufgrund der Unterschiedlichkeit der Menschen das Einhalten von Regeln. Diese mögen als Sitte überliefert oder als Gesetz niedergeschrieben sein. Sie werden beeinflußt von überlieferten Verhaltensweisen, durch neue Gegebenheiten und Erkenntnisse und insbesondere durch neue Zielvorstellungen. – Die Regeln einer Gemeinschaft sind letzten Endes begründet in der Natur des Menschen. Sie haben sachgerechte Bezüge herzustellen zu den Gegebenheiten der Zeit und der Gemeinschaft. Ein kontinuierlicher Prozeß muß solche Verhaltensnormen ständig erneuern.

In diesem Sinne ist auch die Ordnung der betrieblichen Gemeinschaft eine Aufgabe von grundsätzlicher Bedeutung. Der Gesetzgeber und die Tarifpartner haben mit dem Erlaß vieler Vorschriften für die innerbetrieblichen Verhältnisse den Rahmen abgesteckt. Trotzdem bleibt eine eigenständige innerbetriebliche Ordnung immer ein wichtiger Bestandteil der unternehmerischen Aufgaben.

Diese innerbetriebliche Ordnung muß alle im Unternehmen Tätigen, insbesondere ihre Sprecher, erfassen. In einer Zeit, da Verhaltensweisen nicht mehr autoritär angeordnet werden können, sondern von der Zustimmung aller Beteiligten getragen werden müssen, bedarf der notwendige Regulierungsprozeß einer intensiven Meinungsbildung. Nur Vorschriften, die vom Konsens der Mehrheit der Mitarbeiter getragen werden, haben Aussicht auf Beachtung. Die früher mögliche Durchsetzung von Befehlen mit Hilfe drakonischer Sanktionen ist nicht nur unzulässig, sondern auch unzweckmäßig.

Die entscheidende Änderung der Voraussetzung zur Festlegung von Regeln beruht auf dem wachsenden demokratischen Verständnis unserer Mitarbeiter und ihrem daraus erwachsenden Anspruch auf Selbstverwirklichung. Der Mitarbeiter arbeitet heute nicht mehr für das Unternehmen oder den Kapitaleigner, sondern im Unternehmen für seine eigene Verwirklichung ebenso wie für die Aufgaben der Gesellschaft. Nur solche Regeln, die der gegebenen Aufgabenstellung und zugleich dem Selbstverständnis der Mitarbeiter entsprechen, werden deshalb Geltung haben und wirksam sein.

Die Initiative zur Gestaltung der inneren Struktur des Unternehmens muß vom Management ausgehen. Führungstechnische, organisatorische und ethische Fragen sind zu regeln. Noch wichtiger und auch wohl noch schwieriger ist dabei die zeitgerechte Definition der Unternehmenszielsetzung. Hier gilt es, viele traditionsbeladene Vorstellungen auszuräumen. Aber nur das richtige Unternehmensverständnis kann die Ausgangsbasis schaffen für ein erfolgversprechendes Handeln des Managements. Nur im Konsens über die gemeinsame Verantwortung liegt der Schlüssel zur Kooperation von Kapital, Management und Arbeit. Die drei Gruppierungen müssen von der Überzeugung getragen sein, daß sie dem gleichen Ziel dienen und daß heutzutage nur eine vertrauensvolle Zusammenarbeit den Erfolg aller gewährleistet.

Die Erarbeitung und schriftliche Festlegung der Bestandteile einer Unternehmensverfassung ist nichts für Ideologen – gleich welcher Denkrichtung. Diese neigen nämlich erfahrungsgemäß dazu, die innere Ordnung erstens sehr theoretisch und zweitens aus der Perspektive einer einzelnen Gruppe zu gestalten. Was wir brauchen, ist aber eine angemessene Berücksichtigung aller Gruppeninteressen und die Erkenntnis, daß sich diese Interessen dem Unternehmensauftrag unterzuordnen haben. Mit anderen Worten: Die angestrebte Selbstverwirklichung der Mitarbeiter, das Gewinnstreben des Kapitals und der Erfolgswille des Managements müssen harmonisiert werden. Eine solche Aufgabe verlangt unternehmerische Erfahrung und zugleich die Überzeugung, daß die Arbeit des Unternehmens dem Menschen zu dienen hat.

Bei der Ausarbeitung einer betrieblichen Verfassung sollte man sicherlich die Erfahrung anderer Firmen berücksichtigen. Ich warne aber vor dem Versuch, die innerbetrieblichen Regeln durch einen internen oder externen »Sachverständigen« erarbeiten zu lassen. Vielleicht mag auf diese Weise ein Entwurf zustande kommen. Die Verabschiedung der

Verfassung kann aber auf dieser Basis nicht erfolgen. Vorher muß ein umfassender Dialog die Problematik klären und zur Meinungsbildung aller betroffenen Gruppierungen beitragen. Bei diesem Prozeß wird eine Fülle unterschiedlicher Auffassungen zutage treten. Die Harmonisierung der auseinanderstrebenden Meinungen kann nur im ausführlichen Gespräch und in einer Atmosphäre der Kooperationsbereitschaft gelingen.

In unserem Hause habe ich mich gewiß in mehr als hundert Vorträgen und Gruppendiskussionen darum bemüht, nicht nur zu überzeugen, sondern auch überzeugt zu werden. Am Schluß haben wir dann nach vielen Lernschritten und Kompromissen eine Satzung erarbeitet, die heute die Unterschrift von Kapital, Management und Arbeit trägt. – Der später kontinuierlich notwendige Erneuerungsprozeß der Unternehmensverfassung muß in gleicher Form bewältigt werden.

Manchmal hält man mir entgegen, daß eine solche Prozedur der Meinungsbildung zu umständlich sei; man solle die Regelung dieser Fragen lieber den Politikern oder Tarifpartnern überlassen. Ich halte nichts für falscher. Außenstehende Gruppen können niemals die Befähigung und Kenntnisse haben, einen maßgeschneiderten innerbetrieblichen Konsens für das Unternehmen zu entwickeln. Das kann nur und muß das Management tun. – Was den Zeit- und Arbeitsaufwand anlangt, so ist längst erwiesen, daß ein auf Kooperation gegründetes Unternehmen durch die Motivation aller Beteiligten eine sehr viel größere Leistung erbringt, und das rechtfertigt jede Anstrengung.

In den vergangenen Jahrzehnten haben wir die japanischen Wirtschaftserfolge staunend zur Kenntnis genommen. Letzten Endes steht hinter dem scheinbaren japanischen Wunder aber auch nur die Herstellung von Konsens und eine auf Motivation beruhende Leistungsbereitschaft.

Die Durchsetzung der Unternehmensverfassung

Für das partnerschaftliche Unternehmen ist mit der Erarbeitung und Verabschiedung der Unternehmensverfassung ein wichtiger Schritt getan. Entscheidend kommt es aber darauf an, die geklärte Zielsetzung und Verhaltensweise in den betrieblichen Alltag umzusetzen. In erster Linie ist hier das Management gefordert, und zwar nicht nur die Führungsspitze, sondern die gesamte Pyramide der Führungskräfte.

Neue Überzeugungen und Verhaltensmuster verlangen viel Einübung. Häufig beobachtete ich, daß der notwendige Erkenntnisprozeß an der Basis der Führungspyramide sehr viel langsamer verlief als bei der Unternehmensspitze. Der selbstbewußte und diktatorische Profictcenterleiter ist nämlich leider keine Seltenheit in unserer Wirtschaft; darin gleicht seine Haltung der Selbsteinschätzung des mittelständischen Unternehmers. Die mittelständischen Unternehmensführer können in der Tat heute noch nahezu alle Vorgänge übersehen, Entscheidungen selbst treffen. Entsprechend schätzen sie sich auch selber ein: Der Erfolg ist allein ihr Verdienst.

Gegen eine solche irrige Auffassung muß sich ein Unternehmen wehren. Jeder Vorgesetzte muß heute begreifen, daß der kooperative Führungsstil der erfolgreichere Weg ist. Ich weiß wohl, daß man bei einfacheren Aufgabenstellungen noch autoritär führen kann; in größeren Firmen und insbesondere im partnerschaftlichen Unternehmen hat aber ein solcher Führungsstil keinen Platz mehr.

Neben der Führung müssen selbstverständlich auch die Mitarbeiter und deren Vertreter die kooperative Zusammenarbeit wollen und praktizieren. Die von der Gewerkschaft kommenden Ratschläge an die Betriebsräte sind dazu leider normalerweise nicht sehr hilfreich. Irrtümlicherweise beharren nämlich unsere Gewerkschaften immer noch auf der Grabenkampf-Ideologie der Klassengesellschaft. Nach einer Zeit der Gewöhnung und der Vertrauensbildung ist es meiner Erfahrung nach aber immer möglich, eine kooperative Zusammenarbeit mit dem Betriebsrat zu erreichen. Allerdings setzt das voraus, daß die partnerschaftlichen Voraussetzungen der Gerechtigkeit und Menschlichkeit beachtet werden.

Dieser Lernprozeß darf auch an den Vertretern des Kapitals nicht vorübergehen. Vielleicht ist es eine idealistische Überforderung, vom Kleinaktionär Verständnis für die Interessen und Ansprüche der Mitarbeiter seines Unternehmens zu erwarten. Qualifizierte Vertreter des Kapitals – und das sollten Aufsichtsratsmitglieder in jedem Fall sein – müssen aber so viel von den Erfolgsprämissen eines modernen Unternehmens verstehen, daß sie das Kooperationsgebot akzeptieren.

Wenn ich selbst während meiner beruflichen Laufbahn den »Herrn-im-Hause-Standpunkt« eingenommen und auf die nicht immer populäre Durchsetzung meiner Ideen materieller Gerechtigkeit und sozialer Hilfestellung verzichtet hätte, wäre das Haus Bertelsmann niemals zu seiner heutigen Stellung gelangt. So rate ich dem Kapital im eigenen Interesse, in den Unternehmen kooperationsbereit zu sein und die wirtschaftliche Dynamik eines partnerschaftlichen Unternehmens zu begreifen.

Mit einer Unternehmensverfassung zu leben, verlangt vom Management stetige Aufmerksamkeit. Die Aufgabe der innerbetrieblichen Strukturierung ist nämlich niemals abgeschlossen. Immer gilt es, die Grundlagen der Unternehmenskultur im Auge zu behalten, zu überprüfen und der Zeit anzupassen. – In der Alltagsarbeit ist die Existenz der Unternehmensverfassung sowohl bei personellen Fragen als auch bei Sachentscheidungen von erheblicher Bedeutung. Im Zweifelsfall gibt die in der Verfassung des Unternehmens festgeschriebene Grundhaltung den Ausschlag, und nicht selten beziehen sich unsere Mitarbeiter und Betriebsräte auf ihre aus der Unternehmensverfassung abgeleiteten Rechte.

Es muß uns nämlich klar sein, daß sich die notwendige Motivation der Mitarbeiter nicht von allein einstellt. Eine Menge von Bausteinen gehört zu dem Gebäude des partnerschaftlichen Unternehmens. Ich verweise exemplarisch nur auf die vielerlei sozialen Regelungen, auf die Gewinnbeteiligung sowie die Beteiligung am Unternehmenskapital, auf das Informationswesen und vieles andere. Das alles hat Auswirkungen, die der Mitarbeiter bemerkt und die er in sein Urteil über das Unternehmen einbezieht.

Wie schon erwähnt, lassen wir unsere Mitarbeiter in Form einer ausführlichen Befragung über ihr Unternehmen urteilen. Die Antworten zeigen uns am besten, ob wir uns nach den Grundsätzen der Unternehmensverfassung gerichtet haben oder wo gegebenenfalls Verbesserungen notwendig sind. Ein Vergleich mit ähnlichen Befragungen anderer Unternehmen verdeutlicht die positive Einstellung unserer Mitarbeiter zu ihrem Haus.

Gleichzeitig ist auch durch eine stetige interne und externe Berichterstattung die Durchsetzung der Unternehmensverfassung anzustreben. Diese Aufgabe obliegt nicht nur der PR-Abteilung eines Unternehmens, sondern vor allem dem Management. In Referaten und Publikationen sollte das Unternehmen seinen Standpunkt verdeutlichen. Hier kann es einen wichtigen Beitrag zur gesellschaftspolitischen und führungstechnischen Entwicklung der Wirtschaft leisten.

Eine solche Unternehmenskultur des partnerschaftlichen Unternehmens entspringt dem Bemühen um Erfolg und Menschlichkeit, also wirtschaftlichen und politischen Zielen zur gleichen Zeit. Ich bin überzeugt, daß gerade in dieser Symbiose die Kraft zur Bewältigung der Zukunftsaufgaben liegt. – In einem demokratischen Staat tragen wir alle Verantwortung. Wir dürfen uns nicht darauf beschränken, Befehle auszuführen und nach dem Gesetz zu leben. Unsere Pflicht ist es auch, im Rahmen unserer Möglichkeiten einen Beitrag zu leisten, daß wir uns in unserer Zeit voranbewegen. Alle Beteiligten müssen sich hier verantwortlich fühlen – ganz besonders aber das Management. Die Unternehmensverfassung als Kodifizierung einer neuen Unternehmenskultur muß als Beitrag dazu verstanden werden.

Im Hause Bertelsmann sind die beschriebenen Grundsätze eines partnerschaftlichen Unternehmensmodells in der im folgenden wiedergegebenen Unternehmensverfassung festgeschrieben. – Da die Führung für die Durchsetzung der Konzeption besondere Verantwortung trägt, ist eine führungsrelevante Umsetzung der Essentials aus den »Leitsätzen für die Führung« erfolgt.

Unternehmensverfassung der Bertelsmann AG

Gesellschafter, Aufsichtsrat, Vorstand und Betriebsrat der Bertelsmann AG geben dem Unternehmen folgende Verfassung, um seine kulturellen und wirtschaftlichen Ziele, seinen gesellschaftlichen Standort und die Grundsätze der betrieblichen Zusammenarbeit zu bestimmen. Sie fordern alle Mitarbeiter auf, diese Grundsätze als verbindlich zu betrachten und sie in ihrer Arbeit zu verwirklichen.

Das Unternehmen und seine Ziele

Wir sind ein Medienunternehmen, das im In- und Ausland Informationen, Bildung und Unterhaltung vermittelt. Dafür setzen wir alle uns verfügbar und geeignet erscheinenden Medien ein. Unsere Produktions-, Vertriebs- und Dienstleistungsbetriebe werden auch für fremde Auftraggeber tätig.

Das Unternehmen soll liberal und fortschrittlich sein. Es strebt an, in eigener Verantwortung moderne gesellschaftliche Lösungen, die dem Menschen dienen, zu entwickeln.

Unsere publizistische Arbeit soll die freie Meinungsbildung in der Gesellschaft fördern. Wir verstehen uns deshalb als Verlagshaus der Alternativen, das unterschiedliche Meinungen veröffentlicht und für publizistische Freiheit und Vielfalt eintritt. Dies ist durch Dezentralisation und Delegation der Programmverantwortung gesichert.

Grenzen für unsere publizistische Tätigkeit sehen wir dort, wo Werte demokratischer Ordnung verletzt werden. In unserer internationalen Tätigkeit wollen wir kulturelle Tradition und nationale Eigenart achten und fördern. Zu den Zielen des Unternehmens gehört die Gewährleistung seiner Kontinuität und die Erhaltung seiner Ertragskraft. Umsatz und Gewinn sind nicht Selbstzweck, sondern Maßstäbe für die wirtschaftliche Bedeutung des Unternehmens in der Gesellschaft und die Tüchtigkeit von Führung und Mitarbeitern. Die Ertragskraft ermöglicht es dem Unternehmen, sich weiter zu entwickeln, seine Leistungen zu verbessern, das eingesetzte Kapital zu verzinsen, Arbeitsplätze zu sichern und seine Verpflichtungen gegenüber dem Staat zu erfüllen.

Das Unternehmen in der Gesellschaft

Wir treten für eine freiheitliche, demokratische und soziale Ordnung in der Gesellschaft ein, weil wir glauben, daß sie ein Höchstmaß an persönlicher Freiheit und die besten Voraussetzungen für gesellschaftliche Weiterentwicklungen gewährleistet.

Dazu sind nach unserer Auffassung erforderlich:

Eine marktwirtschaftliche Ordnung, die auf den Prinzipien Wettbewerb, Leistung und breitgestreutem privatem Eigentum aufbaut. Dabei ist es Aufgabe des Staates, die Wahlfreiheit des Verbrauchers und den Wettbewerb zu sichern.

Eine sozialverpflichtete Gesellschaftsordnung, in der die Eigentümer großer Produktivvermögen ihre treuhänderische Verpflichtung gegenüber der Allgemeinheit anerkennen.

Ein betrieblicher Ordnungsrahmen, der bei gleichen Chancen jedem die Möglichkeit zur persönlichen Entfaltung schafft sowie materielle Gerechtigkeit, Beteiligung am Produktivvermögen, soziale Rücksichtnahme und ein ausgewogenes Verhältnis zwischen Rechten und Pflichten sichert.

Das Unternehmen und seine Mitarbeiter

Die Sicherung der Leistungsfähigkeit und die Weiterentwicklung des Unternehmens erfordern Einsatzbereitschaft und Kreativität der Mitarbeiter. Wir vertrauen auf die Initiative des einzelnen.

Es ist wichtig, daß sich die Mitarbeiter im Rahmen kritischer Loyalität mit ihren Aufgaben, den Zielen und dem Verhalten des Unternehmens identifizieren können. Dies ist nur zu erreichen, wenn sie laufend über die Arbeit und die Entwicklung des Unternehmens informiert werden und die Möglichkeit haben, ihre Sachkenntnis und Meinung in die Entscheidungsfreiheit einzubringen.

Befähigung und Verhaltensweise der Führung haben auf den Erfolg und die Kontinuität des Unternehmens entscheidenden Einfluß. Bei der Auswahl von Führungskräften hat die Befähigung Vorrang vor anderweitigen Ansprüchen.

Durch Delegation von Aufgaben, Kompetenz und Verantwortung soll den Mitarbeitern in ihren Arbeitsgebieten ohne bürokratische Einengung ein möglichst großer Freiraum zur persönlichen und fachlichen Entfaltung gesichert werden. Sie sollen gerechte Chancen erhalten, sich zu entwickeln und für den beruflichen Aufstieg zu qualifizieren.

Die berufliche Bildung sehen wir als gemeinsame Aufgabe von Mitarbeiter und Unternehmen an.

Für seine Leistung erhält der Mitarbeiter eine markt- und leistungsgerechte Vergütung. Daneben halten wir eine Beteiligung an Gewinn und Kapital des Unternehmens für richtig.

Gerechtigkeit und soziale Rücksichtnahme bestimmen die Beziehungen des Unternehmens zu seinen Mitarbeitern. Soziale Hilfestellung wird dann gegeben, wenn staatliche Regelungen unzureichend sind und der einzelne unserer Hilfe bedarf.

Die Beziehungen der Mitarbeiter untereinander sollen fair und kooperativ sein und den Unternehmenszielen dienen.

Die Prinzipien für die Zusammenarbeit zwischen Führung und Mitarbeitern sind in den »Leitsätzen für die Führung« festgelegt, die Bestandteil dieser Unternehmensverfassung sind.

Diese Unternehmensverfassung erhebt nicht den Anspruch der Endgültigkeit. Sie soll ständig überprüft und besseren Erkenntnissen angepaßt werden.

14. Februar 1985

R. Mohn	*Dr. M. Wössner*	*J. Werner*
Der Vorsitzende des Aufsichtsrats	Der Vorsitzende des Vorstands	Der Vorsitzende des Konzernbetriebsrats

Leitsätze für die Führung im Hause Bertelsmann

Präambel

Befähigung und Verhaltensweise der Führung haben auf den Erfolg des Unternehmens entscheidenden Einfluß. Wer führt, trägt Verantwortung für sein Arbeitsgebiet und für seine Mitarbeiter.

Die nachstehenden Leitsätze ergänzen die Unternehmensverfassung der Bertelsmann AG. Sie sind verbindliche Richtlinien für die Führung.

Es ist Aufgabe der Vorgesetzten aller Stufen, sich für die Einhaltung der Leitsätze einzusetzen. – Die Mitarbeiter haben das Recht, sich bei ihren Vorgesetzten auf die Leitsätze für die Führung zu berufen.

Der Vorstand

Organe der Führung

Der *Aufsichtsrat* bestellt den Vorstand, berät und überwacht ihn in seiner Tätigkeit.

Der *Vorstand* der Bertelsmann AG bestimmt die Unternehmenspolitik und trifft Grundsatzentscheidungen. Seine Arbeitsweise ist durch Gesetz und Satzung festgelegt.

Die *Bereichsvorstände* in den Unternehmensbereichen unterstützen die Vorstandsmitglieder in ihrer Führungsaufgabe.

Die *Geschäftsführer* leiten ihre Verantwortungsbereiche im Rahmen der mit dem Vorstand abgestimmten Planung selbständig. Sie sind dem Vorstand für die Ergebnisse verantwortlich.

Die *Leiter von Bereichen, Abteilungen und Gruppen* innerhalb der Firmen sind verantwortlich für die Führung und das Ergebnis in ihrem Arbeitsbereich. Sie entscheiden und handeln im Rahmen ihrer Aufgabe selbständig.

Die *Koordinationsausschüsse* stimmen die Arbeitsweise der dezentral geführten Firmen aufeinander ab und dienen der Information und dem Erfahrungsaustausch.

Der *Betriebsrat* vertritt die Interessen der Mitarbeiter nach den Bestimmungen des Betriebsverfassungsgesetzes.

Grundsätze der Führung

1. Das Haus Bertelsmann ist dezentral organisiert. Die Organisation der Führung hat Vorrang vor der gesellschaftsrechtlichen Gliederung des Unternehmens.

2. Die Firmenstruktur des Hauses ist überschaubar zu gestalten. Jede Firma ist klar einzuordnen. Die Leitung jeder Firma erfolgt durch einen Alleinverantwortlichen.

3. Das Prinzip der Delegation ist Grundlage der Führung auf allen Ebenen. Aufgaben, Befugnisse und Verantwortung müssen einander entsprechen und sind – soweit wie möglich – auf die Mitarbeiter zu übertragen.

4. Die Zielsetzungen des Gesamtunternehmens haben Vorrang vor den Interessen der einzelnen Firmen. Alle Führungskräfte sind zu aktiver Kooperation verpflichtet.

5. Für die Koordination ist die jeweils nächsthöhere Führungsebene verantwortlich. Die Koordination erfolgt durch Einzelentscheidungen auf der Grundlage von Koordinationsrichtlinien oder durch Koordinationsausschüsse, deren einstimmige Empfehlungen nach Zustimmung der nächsthöheren Instanz verbindlich sind.

Besetzung von Führungspositionen

1. Für die Übertragung von Führungsfunktionen sind die bisherige Leistung sowie die persönliche und fachliche Qualifikation maßgebend. Bei gleichen Voraussetzungen erhalten Mitarbeiter des Hauses den Vorzug vor anderen Bewerbern.

2. Die Vergütung richtet sich nach der Aufgabe, der Leistung und dem Erfolg.

3. Um die Kontinuität der Führung und die Entwicklung des Unternehmens zu gewährleisten, müssen Führungskräfte rechtzeitig auf ihre Aufgaben vorbereitet werden. Sie müssen die Möglichkeit zur Bewährung in einer Führungsfunktion erhalten, die dem Stand ihrer beruflichen und persönlichen Entwicklung entspricht.

4. Für jede Führungsposition ist ein Stellvertreter zu benennen.

5. Die Ablösung von Führungskräften darf nicht aus persönlicher Rücksichtnahme unterlassen werden, wenn die Leistung der Aufgabe nicht gerecht wird.

Persönliche Diskriminierung und soziale Härten sind zu vermeiden. Die bisherige Leistung für das Unternehmen ist zu berücksichtigen.

6. Die Übertragung einer Führungsfunktion, die Vergütung, die Ablösung sowie die Stellvertretung und Nachfolge für diese Funktion nimmt der direkte Vorgesetzte nach Abstimmung mit seinem Vorgesetzten vor. Kommt bei dieser Abstimmung keine Ei-

nigung zustande, hat dieser Vorgesetzte die letzte Entscheidung. Die betroffenen Mitarbeiter sind rechtzeitig über Veränderungen in der Besetzung von Führungspositionen zu informieren.

Führungsverhalten

1. Führungskräfte müssen sich der besonderen Verantwortung aus ihrem Führungsauftrag bewußt sein und sich durch vorbildliches Verhalten und fachliche Leistung ständig neu qualifizieren.

Ihre Einsatzbereitschaft und Einstellung zur Aufgabe sind maßgebend für die Motivation der Mitarbeiter.

2. Führungskräfte sollen Initiative, Kreativität und Durchsetzungsvermögen entwickeln und in ihrem Bereich ergebnis- und sozialorientiert handeln. Dabei müssen Risiken verantwortungsbewußt abgewogen werden.

3. Führungskräfte sollen in ihrem Verhalten die Verpflichtung zur aktiven Kooperation gegenüber anderen Firmen und Bereichen ebenso wie zu ihren Mitarbeitern erkennen lassen.

4. Die raschen technischen, wirtschaftlichen und gesellschaftlichen Veränderungen verlangen von Führungskräften, sich ständig weiterzubilden.

5. Führungskräfte sollen sich mit den gesellschaftspolitischen Entwicklungen auseinandersetzen. Sie sollen im Rahmen ihrer Führungsaufgabe für die Unternehmensverfassung eintreten.

6. Führungskräfte sollen die verantwortlichen Mitarbeiter in ihren Aufgabenbereichen selbständig handeln und entscheiden lassen, um Initiative und Verantwortungsgefühl zu wecken und die Identifizierung mit der Aufgabe zu fördern.

7. Als Voraussetzung für erfolgreiche Arbeit sind die Mitarbeiter umfassend und rechtzeitig zu informieren. Gelegenheit zur Aussprache ist zu schaffen. Anregungen und Kritik sollen beachtet und gefördert werden.

8. Der Vorgesetzte soll die persönliche Motivation eines jeden seiner Mitarbeiter beachten und zu verstehen suchen. Er muß sich bemühen, die Motivation des einzelnen mit der gemeinsamen Zielsetzung in Einklang zu bringen.

9. Der Vorgesetzte hat die Arbeitsziele mit seinen Mitarbeitern zu besprechen, ihnen die Zusammenhänge mit übergeordneten Zielen sichtbar zu machen und seine Entscheidung zu begründen.

10. Der Vorgesetzte fällt Entscheidungen nach Rücksprache mit seinen Mitarbeitern, wobei er deren Sachkenntnis und Vorstellung im Entscheidungsprozeß berücksichtigen soll.

11. Anweisungen erteilt der direkte Vorgesetzte. Ist eine sofortige Entscheidung unerläßlich, so sind im Ausnahmefall auch Anweisungen durch höhere Instanzen möglich. Der direkte Vorgesetzte ist dann umgehend zu informieren.

12. Der Vorgesetzte hat die Erfüllung der Arbeits-

ziele zu überwachen und seine Mitarbeiter mit Hinweisen und Maßnahmen zu unterstützen.

13. Der Vorgesetzte hat Arbeitsplatz und Arbeitsmittel sowie Arbeits- und Urlaubszeiten der Mitarbeiter unter den Gesichtspunkten seiner Fürsorgepflicht und der Erfüllung der Arbeitsziele zu gestalten.

14. Der Vorgesetzte soll die positiven Möglichkeiten in Menschen und Situationen erfassen und fördern, gute Leistungen anerkennen, konstruktive Kritik üben und gegen Mißstände entschlossen vorgehen. Anerkennung kann öffentlich erfolgen, Kritik ist persönlich und vertraulich auszusprechen.

15. Jeder Vorgesetzte hat die Pflicht, dem Wunsch seiner Mitarbeiter nach persönlicher Beurteilung und Aussprache nachzukommen. In Konfliktfällen muß er eine Möglichkeit der Aussprache mit dem nächsthöheren Vorgesetzten anbieten.

Weitere Bausteine des partnerschaftlichen Unternehmens

Soziale Hilfestellung

Das Unternehmen muß nach seinen Kräften den Mitarbeitern dort Hilfestellung gewähren, wo staatliche oder tarifliche Regelungen sich als nicht ausreichend erweisen. Die Sozialpolitik ebenso wie das soziale Verständnis sollten im Unternehmen davon ausgehen, daß von dem Selbstverwirklichungsanspruch des Menschen auch die Verpflichtung abzuleiten ist, daß jeder in erster Linie für sich selbst Verantwortung trägt. Dieses Sozialverständnis entspricht durchaus dem menschlichen Wesen und damit den Ansprüchen der Humanität. Die Weiterführung der Sozialpolitik bis zur Absicherung gegen jegliches Risiko verkennt das Wesen und die Würde des Menschen. Auch wenn einzuräumen ist, daß viele unserer Mitbürger durch die Zielsetzung der Eigenverantwortung überfordert erscheinen und deshalb eine Mindestversorgung sicherlich am Platze ist, bleibt die Forderung bestehen, daß wir uns in unserer Zeit deutlich dagegen wehren müssen, daß die Gemeinschaft bzw. der Staat für die vollständige Existenzerhaltung des Menschen verantwortlich gemacht wird. Wenn wir anerkennen, daß das

Ziel der Selbstverwirklichung dem menschlichen Wesen entspricht, müssen wir auch begreifen, daß dazu der mühsame Weg der Selbstverantwortung und der Persönlichkeitsbildung gehört. Ein Lebensweg ohne Belastungen und Herausforderungen wird niemals zur Entfaltung der Möglichkeiten des Menschen und auch nicht zu seiner Befriedigung und seinem Glück führen. – In dieser Hinsicht ist im Bereich der Sozialpolitik in unserem Lande jetzt Vorsicht geboten. Das bereits vorhandene soziale Netz stellt eine ausreichende Sicherheit gegen Gefahren und Not dar. Ergänzungen und Korrekturen der Gesetzgebung werden immer erforderlich sein. Warnen möchte ich aber vor einer uferlosen Ausweitung des »sozialen Fortschritts«. Eine solche Zielsetzung würde zwar den politischen Parteien im Wahlkampf recht hilfreich sein, für das Wohlbefinden der Menschen ist dieses Sozialverständnis aber falsch, nicht zuletzt auch aus dem Grunde, daß unsere vorhandenen finanziellen Ressourcen begrenzt sind und ihr Einsatz deshalb im Sinne der Gemeinschaft optimal gestaltet werden muß. Wir dürfen nicht die zukünftige Generation mit den Ansprüchen der Gegenwart belasten. Dieses wäre gegenüber der nachfolgenden Generation nicht nur unfair. Durch eine dadurch bedingte Verminderung des Leistungspotentials unserer Volkswirtschaft wäre eine solche Praxis am Ende auch unverantwortlich teuer. – So müssen wir begreifen, daß eine überzogene Sozialpolitik weder menschlich noch gerecht ist.

Diese Aussagen gelten für den Staat ebenso wie für ein Unternehmen. Das Notwendige muß in einer Firma getan werden – auch wenn es dafür keine gesetzliche Verpflichtung gibt. Darüber hinaus sollte ein Unternehmen im Sozialbereich aber nichts tun. Seine Leistungsverpflichtung gegenüber der Gesellschaft erlaubt das nicht. – Wenn Begrenzungen der sozialen Kosten zu höheren Gewinnen führen, müssen im partnerschaftlichen Unternehmen die Regelungen zur Gewährleistung materieller Gerechtigkeit greifen.

Für das Haus Bertelsmann möchte ich in bezug auf den Sozialbereich auf folgende Regelungen hinweisen:

Aus betrieblichen Zuwendungen und Spenden finanzieren wir Fonds, die in außergewöhnlichen Fällen der Not helfen. Insbesondere bei atypischem Krankheitsverlauf und bei schwierigen Familienangelegenheiten werden Rat und Hilfe gewährt. – Die Fondsverwaltung geschieht durch Vertreter des Unternehmens und der Mitarbeiter.

Die Altersversorgung wurde durch ein betriebliches Pensionswerk wesentlich ausgebaut. Angesichts der staatlichen Rentenpolitik erscheint diese Initiative langfristig begründet und notwendig.

Eine für verschiedene unserer Firmen zuständige Betriebskrankenkasse sichert den notwendigen Gesundheitsschutz zu ca. 2/3 der üblichen Versicherungskosten.

Materielle Gerechtigkeit

Das notwendige Bemühen um mehr materielle Gerechtigkeit hat neben einer sachgerechten Lohn- und Gehaltsfindung zur Einführung der Gewinn- und Kapitalbeteiligung in unserem Unternehmen geführt. Aus dem Unternehmensgewinn werden zuerst die Kapitaleinlagen der Aktionäre und Mitarbeiter verzinst. Der restliche Gewinn wird hälftig auf Kapital und Arbeit verteilt. Die Gewinnanteile der Mitarbeiter müssen in der Form von Genußkapital in das Unternehmen eingebracht werden. Die Gewinnverzinsung des Genußkapitals wird als Dividende ausgezahlt. – Nach einer vorgeschriebenen Frist können die Mitarbeiter über ihre Beteiligung verfügen, indem sie ihre Anteile an der Börse zum Verkauf anbieten. – Die Kapitaleinlagen unserer Mitarbeiter haben eine erhebliche Bedeutung für die Finanzierung unseres Unternehmens. Diese Form der Ergebnisbeteiligung fördert darüber hinaus bei den Mitarbeitern das Verständnis für die Funktionsweise eines Wirtschaftsbetriebes. Das Interesse am Unternehmergewinn wurde auf diese Weise ebenso gesteigert wie die Bereitschaft, im Interesse des Erfolges notwendige betriebliche Umstellungen mit zu tragen. Auf diese Weise wurde nicht nur eine Annäherung der Standpunkte von Kapital und Arbeit erreicht. Nach unseren bisherigen Erfahrungen zeichnet sich ab, daß in der Zukunft das Gewinninteresse der Mitarbeiter einen größeren Einfluß auf das Management haben wird als die Einwirkungen der Kapitalvertreter. – Würde man die Auswirkungen der Gewinnbeteiligungsregelung in ein Verhältnis setzen zu unserem ohnehin schon überdurchschnittlich hohen betrieblichen Personalaufwand, so erkennt man, daß die Regelung zur Erzielung materieller Gerechtigkeit nahezu von doppelter finanzieller Bedeutung ist. – Ein schöner Erfolg auf dem Weg zu mehr individueller Sicherheit und Freiheit.

Am 23. Dezember 1985 betrugen die Kapitaleinlagen der Mitarbeiter zum Nominalwert DM 410 Mio. Auf diese Einlagen wurde für das Geschäftsjahr eine Verzinsung von DM 63 Mio. ausgezahlt. Die Ordnungsmäßigkeit der Durchführung der Verträge erfolgt durch einen Ausschuß, der von Vertretern des Unternehmens und der Mitarbeiter besetzt ist. – Es ist uns deutlich, daß unsere Gewinnbeteiligungsregelung stets neuen Erkenntnissen anzupassen ist. Wir glauben aber, mit der gefundenen Lösung einen großen Schritt vorangekommen zu sein.

Die Finanzierung

Die Finanzierung im partnerschaftlichen Unternehmen berücksichtigt die sich aus der Gewinn- und Kapitalbeteiligung der Mitarbeiter ergebenden

Möglichkeiten. Beteiligte Mitarbeiter müssen verstehen, daß der Anspruch materieller Gerechtigkeit mit finanziellen Verpflichtungen verbunden ist. Ich verweise deshalb noch einmal darauf, daß die Forderung der materiellen Gerechtigkeit ein ganz anderes Ziel verfolgt als die Sozialpolitik. Mit der Gewinn- und Kapitalbeteiligung übernimmt der Mitarbeiter auch Funktionen der Unternehmensfinanzierung und der Risikoabfederung. – Die Finanzstruktur im partnerschaftlichen Unternehmen weist einige Besonderheiten auf, die ich nachstehend am Beispiel der Bertelsmann AG erläutern möchte:

Kapital der Aktionäre

Die Aktionäre stellen dem Unternehmen gut die Hälfte des Eigenkapitals zur Verfügung.

Die Dividendenpolitik ist stark reduziert: Nur ¼ des den Aktionären zustehenden Bilanzgewinns gelangt zur Ausschüttung. – Entsprechend steht dem Unternehmen eine hohe Kapitalbildungsrate zur Verfügung.

Mit den Dividenden finanzieren die Aktionäre die Funktionen der Holding-Gesellschaften und ihre persönlichen Ansprüche.

Genußkapital

Das Genußkapital finanziert knapp die Hälfte des Eigenkapitals der Bertelsmann AG.

Ursprünglich resultierte das Genußkapital allein aus den Einlagen der Mitarbeiter. Heute können sich auch fremde Anleger an dem Genußkapital beteiligen. – Für das Genußkapital wird eine kontinuierliche Dividendenpolitik angestrebt. Das Genußkapital wächst durch die Einlage der jährlichen Gewinnbeteiligungserträge der Mitarbeiter.

Emissionsmöglichkeiten am Kapitalmarkt

Das Unternehmen kann sowohl das Aktienkapital als auch das Genußkapital durch Emissionen aufstocken.

Die Kapitalzufuhr durch die Aktionäre und die Mitarbeiter ermöglicht bei normaler Ertragslage für das Unternehmen ein jährliches Wachstum von 15%. Entsprechend wird die Emissionsmöglichkeit am Kapitalmarkt als Reserve bewertet.

Finanzierungsbeitrag der betrieblichen Pensionsordnung

Unsere betriebliche Pensionszusage ist aus sozialen und finanzierungstechnischen Gründen ins Leben gerufen und überdurchschnittlich hoch bemessen. Die Rückstellungen für die betrieblichen Renten übersteigen im Hause Bertelsmann im Inland den Durchschnitt anderer Großunternehmen um nahezu das Doppelte.

Information und Mitsprache

Die Selbstverwirklichung der Mitarbeiter in der Arbeitswelt erfordert auch eine sachgerechte Information und Mitsprache. Die Information wird in unserem Unternehmen durch ausführliche mündliche und schriftliche Stellungnahmen des Managements und der Betriebsräte gewährleistet. – Die Mitsprache erfolgt zum einen durch die führungstechnische Vorschrift der Delegation der Verantwortung auf eine möglichst niedrige Ebene bis hin zum Facharbeiter und Sachbearbeiter. Von Bedeutung ist in diesem Zusammenhang auch das betriebliche Vorschlagswesen. – Die in unserem Haus entwickelte Regelung zur Mitsprache am Arbeitsplatz hat zu einer konstruktiven Verständigung zwischen den Mitarbeitern und dem unteren Management geführt. Wegen der erheblichen Bedeutung dieses Mitspracheinstruments sei nachstehend der Text der Satzung abgedruckt.

Satzung für die Mitarbeiterbesprechung in der Bertelsmann AG

Präambel

Die Unternehmensverfassung des Hauses Bertelsmann und die Leitsätze für die Führung im Hause Bertelsmann werden durch diese Satzung über die Ordnung der Mitwirkung am Arbeitsplatz ergänzt.

Die Unternehmensverfassung vom April 1980 und die Leitsätze für die Führung fordern, daß die Mitarbeiter laufend über die Arbeit und die Entwicklung des Unternehmens informiert werden und die Möglichkeit haben, ihre Sachkenntnis und Meinung in die Entscheidungsfindung einzubringen.

Dabei wird das für Bertelsmann typische Prinzip der Alleinverantwortung nicht durchbrochen.

Die nach dieser Satzung vorgesehenen Mitarbeiterbesprechungen sollen als Führungsinstrumente zur Verwirklichung der in der Unternehmensverfassung und in den Leitsätzen für die Führung aufgestellten Forderungen beitragen und die Entscheidungsvorbereitungen unter möglichst hoher Einbeziehung von Sachkenntnissen und Auffassungen der Mitarbeiter fördern.

Mitwirkungsbereiche am Arbeitsplatz

Die Mitarbeiter sollen möglichst umfassend über das Betriebsgeschehen informiert und in den Entscheidungsprozeß zu Fragen des Arbeitsplatzes und der Arbeitsumwelt einbezogen werden. Dabei erstreckt sich der Mitwirkungsbereich in sachlicher Hinsicht insbesondere auf folgende Gebiete:

- Fragen der Ordnung im Betrieb
- Gestaltung und Umgestaltung des Arbeitsplatzes und der Abteilung
- Lärm, Klima, Sauberkeit
- Arbeitszeitregelung
- Fragen der Organisation
- Regelungen und Maßnahmen zur Verhütung von Arbeitsunfällen
- Investitionsplanung von Maschinen und anderen Betriebsmitteln
- Einführung neuer Technologien
- Fragen der Qualitätssicherung und -verbesserung
- Die Produktions- und Absatzlage
- Aktuelle Tagesfragen der Abteilung

Mitarbeiterbesprechung (MAB)

1. Die wichtigsten Fragen der Abteilung werden in Mitarbeiterbesprechungen behandelt. Es ist zu unterscheiden zwischen großen Mitarbeiterbesprechungen und kleinen Mitarbeiterbesprechungen.

1.1. Abteilungs- oder bereichsbezogene Informationen und Entscheidungen einerseits und unternehmensbezogene Informationen andererseits werden in der großen MAB behandelt. Die große MAB findet nach Bedarf, jedoch mindestens alle zwei Monate statt.

Sie kann in kleinen Abteilungen als Vollversammlung durchgeführt werden, die vom Abteilungsleiter geleitet wird, und an der alle Führungskräfte, Mitarbeiter, Auszubildenden und das für die Abteilung zuständige Betriebsratsmitglied teilnehmen. Um in großen Abteilungen überschaubare und arbeitsfähige Mitarbeiterbesprechungen zu gewährleisten, setzen sich die Teilnehmer dort wie folgt zusammen:

- Abteilungsleiter und Stellvertreter (einer von beiden leitet die MAB)
- Die Führungskräfte der Abteilung
- Mitarbeiter (jede Gruppe delegiert einen Mitarbeiter)
- Auszubildende (die Gruppe delegiert einen Auszubildenden)
- das für die Abteilung zuständige Betriebsratsmitglied.

1.2. Die Vorbereitung arbeitsgruppenbezogener Entscheidungen erfolgt in der bedarfsweise stattfindenden kleinen MAB. Diese setzt sich wie folgt zusammen:

- Der Abteilungsleiter oder eine von ihm beauftragte Führungskraft als Leiter der kleinen MAB
- Führungskräfte und Mitarbeiter der betroffenen Arbeitsgruppe (sind mehrere Arbeitsgruppen von der Entscheidung betroffen, dann sollen aus jeder Arbeitsgruppe ein besonders sach- und fachkundiger Mitarbeiter und die Führungskräfte in die kleine MAB delegiert werden)
- Bei Bedarf einzelne Führungskräfte und/oder Mitarbeiter angrenzender, möglicherweise betroffener Gruppen oder Abteilungen
- Sonstige sach- und fachkundige Mitarbeiter (Spezialisten)
- Das für die Abteilung zuständige Betriebsratsmitglied

Die Zusammensetzung der kleinen MAB wird vom Abteilungsleiter oder Bereichsleiter in Abstimmung mit der betroffenen Arbeitsgruppe festgelegt.

1.3. Aus Informationsgründen können an den Mitarbeiterbesprechungen gelegentlich Mitarbeiter der übergeordneten Führungsebenen vom Management und Betriebsrat teilnehmen.

2. Besprechungsordnung

Der Leiter der MAB hat die Besprechung sorgfältig vorzubereiten. Er legt insbesondere Ort, Zeit und die Tagesordnung der Besprechung fest. Die Teilnehmer der MAB sind dazu vorschlagsberechtigt.

Der Besprechungsablauf ist in der Regel wie folgt:

- Durchsprache der letzten MAB-Protokolle
- Kurzreferat des MAB-Leiters
- Diskussion

Jeder Teilnehmer an der MAB ist berechtigt, seine Auffassung und seine Vorschläge vorzutragen. Über die in der MAB diskutierten Fragen soll der MAB-Leiter möglichst eine Aussage der MAB herbeiführen. Ist die mehrheitliche Meinung der Teilnehmer negativ im Sinne der Entscheidungsabsicht des Abteilungsleiters, dann führt der Abteilungsleiter über die strittigen Fragen zunächst ein Gespräch mit dem Betriebsrat. Kommt es zu keiner Lösung, dann werden die unterschiedlichen Auffassungen durch den Abteilungsleiter und das für die Abteilung zuständige Betriebsratsmitglied der Betriebs- bzw. der Geschäftsleitung vorgetragen, die dann die Entscheidung trifft.

Über jede MAB ist ein Protokoll anzufertigen, in das auch evtl. festgelegte Verantwortlichkeiten und Termine aufzunehmen sind.

3. Information der Mitarbeiter

Die Informationen aus den großen Mitarbeiterbesprechungen, die nicht als Vollversammlungen durchgeführt werden, sollen alle Mitarbeiter der Abteilung bzw. des Bereichs erreichen. Hierzu werden möglichst kurzfristig nach einer großen MAB Gruppengespräche geführt. Als Grundlage dieser Gruppengespräche gilt das jeweilige MAB-Protokoll. Anregungen aus diesen Gesprächen sind vom Gesprächsleiter dem Abteilungsleiter vorzutragen.

Die Ergebnisse oder wesentlichen Zwischenergebnisse aus den kleinen Mitarbeiterbesprechungen werden in der nächsten großen MAB der Abteilung oder des Bereichs bekanntgegeben.

MAB-Beauftragter

Die Geschäftsführung bestimmt einen MAB-Beauftragten, der auf die ordnungsgemäße Durchführung der Mitarbeiterbesprechungen und die weitere Förderung und Entwicklung der Mitwirkung am Arbeitsplatz achtet.

Für wirksam und sachgerecht halte ich auch die Mitspracheregelung, die wir für unsere Mitarbeitervertreter im Aufsichtsrat praktizieren. – In dem Aufsichtsratsausschuß »Arbeitskreis der Mitarbeitervertreter« findet monatlich eine halbtägige Sitzung mit dem Aufsichtsratsvorsitzenden und – je nach Tagesordnung – ausgewählten Vertretern des Managements statt. Wichtige Entwicklungen und Entscheidungen werden in diesem Gremium erläutert und diskutiert. Die Mitarbeitervertreter machen dabei ihren Standpunkt zur Wahrnehmung der Interessen ihrer Mandanten deutlich. Die Gespräche sind von Vertrauen und Kooperationsbereitschaft getragen. Diese Institution bewährt sich sehr gut.

Nachstehend gebe ich einen zusammengefaßten Überblick über die wichtigsten Mitspracheregelungen in der Bertelsmann AG.

Kooperationsvereinbarungen in der Bertelsmann AG:

Mitbestimmung in der Hauptversammlung

Die »Bertelsmann Vermögensverwaltungsgesellschaft mbH« fungiert als Konzern-Holding. Ihr Einfluß entspricht dem der Hauptversammlung einer Aktiengesellschaft. Die »Bertelsmann Vermögensverwaltungsgesellschaft mbH« hat sechs Gesellschafter mit gleichen Anteilen. Davon entfallen nach dem Gesellschaftsvertrag:

2 Gesellschaftsanteile an Aufsichtsratsmitglieder
2 Gesellschaftsanteile an Vorstandsmitglieder
1 Gesellschaftsanteil an ein Familien- oder Aufsichtsratsmitglied
1 Gesellschaftsanteil an einen Mitarbeitervertreter aus dem Aufsichtsrat

Mitbestimmung im Aufsichtsrat

Von zwölf Aufsichtsratsmitgliedern stellen die Mitarbeiter vier Vertreter.

Die Mitarbeitervertreter setzen sich aus drei Betriebsräten und einem Vertreter der leitenden Angestellten zusammen. Die Einflußnahme der Mitarbeitervertreter erfolgt sowohl in den Arbeitsausschüssen des Aufsichtsrats als auch innerhalb der Sitzungen des Gesamt-Aufsichtsrats.

Der Status der Geschäftsführer

Nach dem Prinzip der delegierten Verantwortung genießen die Geschäftsführer einen hohen Selbständigkeitsgrad.

Die Planung ihres Verantwortungsbereichs wird entscheidend von ihnen gestaltet.

Die Geschäftsführer erhalten eine unternehmerische Erfolgsbeteiligung.

Die Betriebsratsarbeit nach dem Betriebsverfassungsgesetz

Das Unternehmen fördert die Betriebsratsarbeit insbesondere durch intensive Information und häufige Gesprächskontakte.

Mitwirkung durch die Mitarbeiterbesprechung

Die satzungsmäßig vorgeschriebene Mitarbeiterbesprechung aktiviert die Mitsprachemöglichkeiten an der Basis des Unternehmens. Ihre Ergebnisse sind besonders sachgerecht.

Die Unternehmensverfassung ruft zur Mitwirkung auf

Die Unternehmensverfassung stellt den Menschen in den Mittelpunkt des Geschehens. Sie bestimmt das Verhalten im Unternehmen und die gemeinsame Verantwortung. Die Unternehmensverfassung fördert die Selbstverwirklichung des Mitarbeiters in der Welt der Arbeit und ruft zur kreativen Kooperation im Unternehmen auf.

Die Bestimmungen der Unternehmensverfassung haben verbindlichen Charakter.

Die Chance zum Aufstieg

Eine andere Möglichkeit der Selbstverwirklichung besteht in der Wahrnehmung der Chance zum Aufstieg im Unternehmen. – Ein sehr sorgfältig entwickeltes Personalbeurteilungssystem informiert in unserem Hause die betroffenen Mitarbeiter und das Management über bestehende Aufstiegsmöglichkeiten. Eigene Schulen und umfangreiche Fortbildungsprogramme unterstützen den beruflichen Fortschritt. Auch das System der innerbetrieblichen Stellenausschreibung gehört in diesen Zusammenhang. Es ist uns deutlich, daß langfristig der Erfolg auf unserer Befähigung beruhen wird, die uns gestellten Aufgaben zu bewältigen. Die Investitionen in Personalarbeit und Bildung werden stets von größter Bedeutung sein.

Die Sicherung der Unternehmenskontinuität

Die Einbettung des modernen Wirtschaftsunternehmens in die vielfach strukturierte Gesellschaft begründet die Forderung nach seiner Kontinuität. An dieser Kontinuität, der Erhaltung seiner Lebensfähigkeit also, sind Öffentlichkeit, Kapital, Führung und Arbeit in gleicher Weise interessiert. Gelingt es nicht, die Kontinuität zu wahren, so ergeben sich gravierende Folgen für alle Beteiligten. Konsequenterweise hat deshalb der Staat gerade in der jüngsten Wirtschaftsgeschichte mehrfach Exempel dafür statuiert, daß im Interesse der Öffentlichkeit ein Kontinuitätsverlust großer Unternehmen nicht akzeptiert werden kann. – Kontinuitätsbrüche sind nicht unabänderlich; immer lassen sich in solchen Fällen vermeidbare Fehler feststellen. Die Kontinuitätssicherung als Aufgabe der Unternehmensführung hat noch längst nicht die notwendige Beachtung erfahren.

Meiner Meinung nach ist ein falsches Zielverständnis der Hauptgrund, wenn es immer wieder zu Kontinuitätsunterbrechungen kommt. Erst wenn wir Einverständnis darüber erzielt haben, daß das Unternehmen in erster Linie einen Leistungsbeitrag für die Gesellschaft zu erbringen hat und die Führungsaufgabe als Mandat verstanden sein will, ergeben sich auch die richtigen Schlußfolgerungen zur Kontinuitätswahrung. – Die wichtigste Komponente für den Unternehmenserfolg und damit auch für die Kontinuität ist die richtige Besetzung der Führung. Der gute Mann an der Spitze und eine leistungsfähige Führungspyramide ergeben sich aber nicht zufällig.

Verantwortlich für die Gewährleistung einer guten Unternehmensleitung ist die Führung selbst. Die Personalarbeit im Bereich der Führungskräfte muß langfristig angelegt werden und ist als strategische Aufgabe zu verstehen. Optimal ist es, wenn die Unternehmensspitze stets aus den nachrückenden Führungskräften des eigenen Hauses gestellt werden kann. Grundsätzlich kann man den oberen Führungsbereich natürlich auch durch Kräfte von außen ergänzen. Das erfordert aber einen hohen Zeitbedarf für die Einarbeitung und beinhaltet ein beträchtliches Risiko, wenn der Einstieg nicht gelingt.

In der Führung eines mittelständischen Unternehmens wird die Sicherung der personellen Kontinuität häufig durch die Eigentumsverhältnisse und das Bestreben nach der Erhaltung der Familientradition erschwert. Sofern eine Familie aus ihren eigenen Reihen einen qualifizierten Nachfolger stellen kann, ist das sicherlich optimal. Die Familientradition darf aber nicht zum Dogma erhoben werden. Die Aufgabe der Unternehmensführung ist heutzutage ungeheuer schwierig geworden. So bedeutet es durchaus kein Versagen, wenn eine Eigentümerfamilie keinen geeigneten Nachfolger stellen kann. Der ausscheidende Unternehmer steht dann vor der

Aufgabe, die personelle Kontinuität durch einen Außenstehenden zu sichern.

Die Vorbereitung einer solchen Nachfolge-Lösung braucht einen Zeitraum von mindestens zehn Jahren; das ist noch eher zuwenig als zuviel. Viele mittelständische Unternehmen werden mit der Regelung der personellen Kontinuitätssicherung überfordert. Normalerweise haben mittelständische Unternehmer eine solche Aufgabe während ihres ganzen Berufslebens niemals zu lösen. Die Verantwortung gegenüber dem Unternehmen erfordert es aber, über diese Problematik offen zu sprechen und dann planmäßig vorzugehen. Ich empfehle zur Lösung dieser wichtigen Kontinuitätsaufgabe auch die Hilfe eines Unternehmensbeirats.

Gelingt auch auf diese Weise die Sicherung der personellen Kontinuität nicht, wird es besser sein, rechtzeitig das Unternehmen zu veräußern, als es mangels qualifizierter Führung langsam sterben zu lassen. Im Interesse aller Betroffenen, und zwar der Öffentlichkeit, der Gesellschafter und der Mitarbeiter, ist eine Kontinuitätsgewährleistung durch den aufkaufenden Betrieb dann besser als der Untergang des Unternehmens.

In den größeren Gesellschaften müssen die Nachfolgeregelungen nicht nur für den Vorstand, sondern auch für den Aufsichtsrat langfristig geplant und schriftlich fixiert werden. Jährlich ist die Zweckmäßigkeit der festgelegten Regelungen zu überprüfen. Diese Planung muß auch den unvorhergesehenen

Ausfall einer Führungskraft berücksichtigen und definieren, wer im Zweifel die Nachfolge zu übernehmen hat. Ich halte es für ganz unverantwortlich, entsprechende Überlegungen erst anzustellen, wenn die Vakanz bereits eingetreten ist.

Eine Hauptursache für die Mängel in der personellen Kontinuitätssicherung liegt in dem unzureichenden Aufgabenverständnis der Unternehmensführung. Leider müssen wir nämlich immer wieder beobachten, daß auch verdiente Unternehmensführer sich nicht zu dem Entschluß durchringen können, die Verantwortung rechtzeitig an den Nachfolger zu übergeben. Die Gründe mögen unterschiedlicher Natur sein; in vielen Fällen wird die Auffassung eine Rolle spielen, daß die »jungen Leute« noch nicht in der Lage sind, den Anforderungen der Aufgabe zu entsprechen. Eine so begründete Haltung ist verständlich – aber sie bleibt objektiv falsch.

Nicht selten stehen menschlich weniger respektable Gründe hinter solchem Versäumnis. Das Festklammern an der Position der Macht hat nämlich oft auch sehr egoistische Beweggründe. Gerade der erfolgreiche Unternehmer fühlt sich – bestärkt durch den Beifall der Umwelt – häufig durchaus noch in der Lage, die seiner Aufgabe und Verantwortung entsprechende Führungsleistung zu erbringen. Wer gesteht sich denn rechtzeitig ein, daß seine Kräfte nicht mehr so beanspruchbar sind und seine Bereitschaft, neue Ideen aufzugreifen, nachgelassen hat.

Subjektive Wertungen und Wünsche vermischen sich hier allzu leicht mit objektiven Irrtümern. Wer Verantwortung trägt, muß sich aber immer vor Augen halten, daß die Sicherung der Führungskontinuität und die Qualifikation zur Bewältigung der Aufgabe den Vorrang haben muß vor persönlichen Interessen.

Das wird weder in den Führungsetagen der Wirtschaft noch in den Machträumen klar genug gesehen. Allzu oft werden die negativen Folgen eines Kontinuitätsbruchs wie ein unvermeidbarer Schicksalsschlag hingenommen. Solche Unwissenheit und Gleichgültigkeit werden wir uns gerade in dieser Hinsicht in der Zukunft nicht mehr leisten können. Die Öffentlichkeit und die Medien müssen erfassen, daß die Sicherung der Führungskontinuität nicht mehr eine Privatangelegenheit des Unternehmers ist, sondern unsere ganze Gesellschaft angeht.

Zur Sicherung der Kontinuität eines Unternehmens können die moderne Führungstechnik und insbesondere auch die strategische Planung einen wichtigen Beitrag leisten. – Wir alle – unsere Gesellschaft und ihre Institutionen sind von der Evolution betroffen. Die einzige Sicherheit in einer Welt des Wandels liegt in unserer Befähigung, mit der Evolution Schritt zu halten. Jedes Unternehmen tut deshalb gut daran zu überprüfen, ob seine Strukturen ausreichend flexibel sind, die Evolutionen zu begünstigen. Unternehmerische Kreativität muß in unserer sich so rasant wandelnden Zeit auf allen Ebenen der Führungspyramide entwickelt werden. Dezentral strukturierte Unternehmen, die einer großen Anzahl von Führungskräften Handlungsspielraum belassen, haben damit schon einen entscheidenden Schritt für ihre Kontinuitätssicherung getan. – Die Sorge für die Entwicklung von Kreativität im Unternehmen darf sich aber nicht auf organisatorische Maßnahmen beschränken. Vielmehr muß das Unternehmen durch sein Verhalten gegenüber den Mitarbeitern eine Motivation erzeugen, welche zur Identifikation mit dem Unternehmen und seinen Zielen führt.

Erheblichen Einfluß auf die Kontinuität eines Unternehmens hat auch die ausreichende Ausstattung mit finanziellen Mitteln. Ein gut geführtes Unternehmen kann meiner Auffassung nach stets das benötigte Eigenkapital beschaffen. Die Finanzierung muß allerdings rechtzeitig und im Rahmen der strategischen Planung vorbereitet werden. Dabei können unterschiedliche Prämissen zu sehr differenzierten Finanzierungslösungen führen. Die Finanzplanung hat nicht nur darauf zu achten, daß das Unternehmen ausreichend finanziert ist. Vielmehr müssen die Konsequenzen in bezug auf die Herrschaftsrechte im Unternehmen bei Zuführung neuen Kapitals bedacht werden. In diesem Zusammenhang muß man die einschneidenden Konsequenzen sehen, die der Erbfall insbesondere im mittelständischen Unternehmen auslöst. Deshalb müssen die testamentarischen Vorschriften rechtzeitig tragfähige Lösungen festlegen.

Das Gesellschaftsrecht bietet für den mittelständischen Betrieb ebenso wie für die große Personengesellschaft viele Möglichkeiten, den Führungsanspruch der Familie auch dann zu sichern, wenn die Kapitalmehrheit nicht mehr besteht. In diesem Licht sind auch die Möglichkeiten der Finanzierung durch das Kapital der Mitarbeiter zu sehen.

Das partnerschaftliche Unternehmen sieht seine Verantwortung gegenüber der Gesellschaft und allen im Unternehmen tätigen Interessengruppen. Die Gewährleistung seiner Kontinuität ist eine der wichtigsten Aufgaben der Führung. Wo dieser Verantwortung aus persönlichen oder sachlichen Gründen nicht entsprochen wird, verstößt man gegen ein Grundgebot partnerschaftlicher Unternehmensführung.

Das Schaubild auf der nächsten Seite gibt in vereinfachter Form die Kontinuitätsregelungen für die Unternehmensführung und -finanzierung in der Bertelsmann AG wieder.

Sicherung der Kontinuität der Führung

Einfluß in der Hauptversammlung der Bertelsmann AG

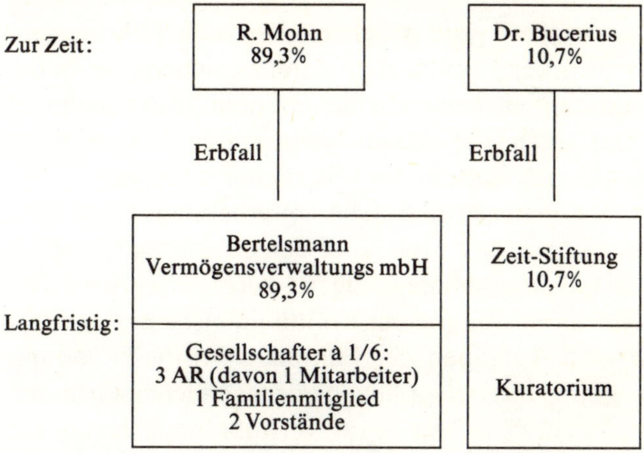

Sicherung der Kontinuität des Kapitalbesitzes

Am Wert der Bertelsmann AG beteiligt:

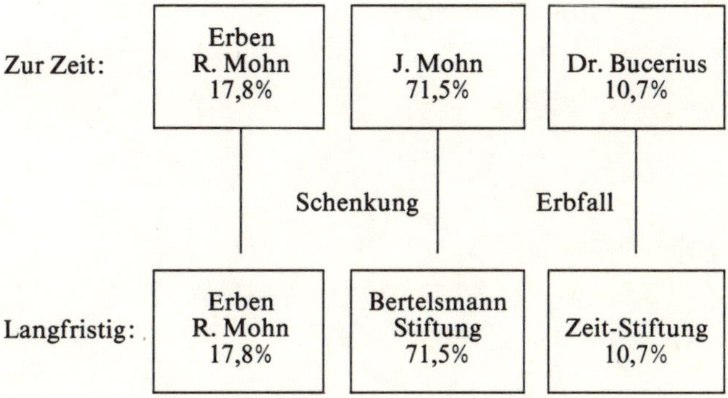

IV.

Anforderungen an die Evolution des marktwirtschaftlichen Systems

Neue Ziele und ein neuer Führungsstil für die Tarifpartner

Der Unternehmer hat die Aufgabe, durch die Gestaltung seines Führungsauftrags für eine optimale Leistungsbereitschaft seines Betriebes zu sorgen. Die Gewerkschaften und die Betriebsräte ihrerseits haben darauf zu achten, daß der Arbeitsprozeß human verläuft. Beide Aufgaben sind auf das übergeordnete Unternehmensziel auszurichten und in einer Atmosphäre vertrauensvoller Kooperation miteinander zu harmonisieren. Beispiele im In- und Ausland führen vor Augen, daß ein solcher Interessenausgleich auf betrieblicher Ebene möglich ist. Und dennoch sind die Resultate oft nicht sachgerecht und führen zu erheblichen Wettbewerbsverzerrungen. Eher zufällige Machtkonstellationen und unterschiedliches Einsichtsvermögen der verhandelnden Parteien sind oft der Grund für solche Verwerfungen.

In diesem Licht erscheint die nach dem letzten Krieg in Deutschland unter Berücksichtigung ausländischer Erfahrungen erfolgte neuartige Organisation unserer Gewerkschaften durchaus sinnvoll. Die Zusammenfassung der Betriebe nach Branchen einerseits und die Koordination der Branchengewerkschaften andererseits hat sich im wesentlichen bewährt.

Und doch hat diese Regelung auch Schwächen. Die gerade heute ganz unerläßliche Anpassungsfähigkeit tariflicher Vorschriften ist nur schwer zu erreichen. Die Tendenz zur Vereinheitlichung aller arbeitsbezogenen Regeln beruht nicht nur auf überlieferten Praktiken, sondern ist sicher auch in der gegebenen Struktur der gewerkschaftlichen Organisation begründet. Angesichts der sich sehr stark wandelnden Voraussetzungen müssen hier Lernprozesse in bezug auf die Weiterentwicklung der Tarife stattfinden. Ein Anfang dazu wurde bereits bei der Einigung über die Reduzierung der Arbeitszeit gemacht. Mir scheint es beachtlich, daß dies unter der Federführung eines Schlichters geschah, der ursprünglich selbst der Gewerkschaft angehörte. Hier wurde einsichtsvoll und weitsichtig entschieden! Auch dies zeigt, daß der organisatorische Aufbau unserer Gewerkschaften sachgerecht ist.

Auch der Gedanke der Autonomie der Tarifpartner hat sich in der Vergangenheit im wesentlichen bewährt. Zwar geschah der Ausgleich der Interessen zwischen Kapital und Arbeit oft in sehr umständlicher und kontroverser Form. Trotzdem kann man im langfristigen Rückblick eine zwar langsame, aber doch sachgerechte Entwicklung feststellen. Nur relativ selten war eine Intervention des letztverantwortlichen Staates erforderlich. Diese geschah immer dann, wenn notwendige Einigungen oder Entwicklungen unterblieben oder die Auseinandersetzung der Tarifpartner Formen annahm, die im Interesse der Gesellschaft nicht hingenommen werden konnten. Durch Erlaß entsprechender Gesetze nahm der Staat seine Regelungsverantwortung wahr. Ebenso wie bei den demokratisch organisierten Tarifpartnern beschränkte sich die staatliche Intervention aber im wesentlichen auf die Behebung eklatanter Mißstände. Vorausschauende, also vorwärtsgerichtete Regelungen gehörten zu den Ausnahmen.

Wenn das Haus Bertelsmann trotzdem einen weitgehend eigenständigen Weg bei der Gestaltung der sozialen und arbeitsrechtlichen Fragen gegangen ist, sehe ich darin keinen Widerspruch zu meiner Bewertung der gewerkschaftlichen Aufgaben. Die ordnungspolitische Anerkennung der Gewerkschaften bedeutet für mich noch lange nicht, daß ich konkrete gewerkschaftliche Politik und Strategie akzeptiere. In unserem Hause haben wir uns vorgenommen, in gemeinsamer Bemühung der Vertretungen von Kapital, Management und Arbeit die innerbetriebliche Wirklichkeit menschlich und sachgerecht zu gestalten. Diese Initiative hat zu mancherlei guten Lösungen geführt und könnte auch als Modell Einfluß auf die Einstellung der Tarifpartner und Politiker nehmen. Tatsächlich werden die bei uns erzielten Resultate eines partnerschaftlichen Unternehmensverständnisses zunehmend beobachtet und beachtet. Der Erfolg hat unsere Konzeption ja sehr offensichtlich bestätigt.

Neue Prämissen für die Tarifpartner

Natürlich muß man sich immer die Frage stellen, ob die in der Vergangenheit bewährte Struktur auch für die Zukunft Erfolge verspricht. Vor jeder Antwort müssen wir zuerst prüfen, ob sich die Prämissen der Aufgabenstellung verändert haben oder ob sie dieselben geblieben sind. Denn wir alle haben wohl im Verlauf der Jahrzehnte erfahren, daß eine gesellschaftliche Ordnungsstruktur nicht statischen Charakter annehmen darf. Sie muß unter Beachtung der auf den Menschen bezogenen Grundlagen immer wieder an die Gegebenheiten der Zeit angepaßt werden. Wenn man die heutige Aufgabenstellung zu der der Vergangenheit analysiert, so werden gravierende Unterschiede sichtbar. Die wesentlichen Änderungen sowohl für die Politik wie auch für die Tarifpartner möchte ich nachstehend aufführen:

- Der Schwierigkeitsgrad der Führungsaufgabe hat sich vervielfacht. Zentralistische Führungsstrukturen erweisen sich deshalb ebenso wirkungslos wie der Versuch, Verhaltensnormen in Detailvorschriften festzuschreiben.
- Die Entwicklungsgeschwindigkeit in allen Tätigkeitsfeldern ist erheblich gestiegen. Sie wird auch in der Zukunft ein Charakteristikum der Moderne sein.
- Das Selbstverständnis des Menschen entwickelte sich vom Erfüllungsgehilfen zum eigenständigen

Mitarbeiter, der in seinem Beruf ein Stück Selbstverwirklichung anstrebt.

Diese neuen Gegebenheiten haben Politik, Arbeitgeberverbände und Gewerkschaften, die drei Ordnungselemente, in ihrer Leistungsfähigkeit überfordert. Ihr Zielverständnis hielt ebenso wenig Schritt wie ihre Arbeitstechnik. Der Zustand unzureichender Kompetenz charakterisiert noch heute die Situation und begründet das beklagenswerte Defizit im Harmonisierungsprozeß.

Die innere Struktur der Arbeitgeberverbände wie der Gewerkschaften folgt demokratischen Regeln. Da die Organisationen auf die Repräsentanz ihrer Mitglieder ausgerichtet sind, ist ihre demokratische Verfassung richtig und entspricht unserem Verständnis einer freiheitlichen Gesellschafts- und Wirtschaftsordnung. – Die Schwachstellen aller demokratischen Führungspraxis zeigen sich aber auch hier deutlich und schmerzhaft. Der notwendige Regelungsbedarf wird zu spät erkannt und häufig nicht sachgerecht bearbeitet. Man orientiert sich zu stark an Besitzständen der Vergangenheit, anstatt sich auf die Anforderungen der Gegenwart und Zukunft einzustellen. Wirtschaftliche und gesellschaftliche Entwicklungen machen immer deutlicher, daß diese Situation im Interesse der Gesellschaft nicht länger dauern darf. Die nachweisbar notwendige neue Strategie muß folgenden Zielen gerecht werden:

- Die Handlungsunfähigkeit der demokratischen Bürokratien muß durch eine weitgehende Delegation der Verantwortung auf die betriebliche Ebene gelegt werden. Unsere Politiker und die Tarifpartner müssen sich in ihrer Arbeit auf die Vorgabe von Rahmenrichtlinien beschränken.

- Innerhalb der Betriebe muß der Spielraum für neue und flexible Regelungen der Arbeitswelt entscheidend erweitert werden. Die Vertreter der betrieblichen Interessengruppen haben dabei die Einhaltung der Rahmenrichtlinien zu überwachen.
- Das bisher von den Gewerkschaften angestrebte Ziel einer weitgehenden Gleichheit der Bedingungen für alle Mitarbeiter muß vor seiner sachgerechten und menschlichen Arbeitsgestaltung zurücktreten.
- Anstelle der weitgehend erfüllten sozialen Verpflichtung rückt die Humanisierung der Welt der Arbeit in den Vordergrund der Bemühungen.

Man könnte nun einwenden, daß ein solches Vorgehen zu ungleichen Entwicklungen und möglicherweise als Folge der Dezentralisierung auch zu allerlei Fehlern führen könnte. Dieser Einwand ist berechtigt. Aber bei unvoreingenommenem Abwägen aller Vor- und Nachteile der Führungstechnik mit delegierter Verantwortung wird sich unzweifelhaft zeigen, daß eine solche Praxis auch vorteilhaft für die Entwicklung unserer Gesellschaftsordnung im allgemeinen ist. Genau vor der gleichartigen Problematik – mit ähnlichen Resultaten – hat nämlich auch unsere Wirtschaft bei der Einführung der Führungstechnik der delegierten Verantwortung gestanden. Allerdings liegt auf der Hand, daß es sich hier um einen Lernprozeß gewaltigen Ausmaßes für unsere Politiker, die Tarifpartner und die Unternehmen handelt. Eine sachentsprechende Alternative sehe ich aber nicht.

Die unumgänglich notwendigen neuen Ordnungsstrukturen verlangen eine Überprüfung der Zusammenarbeit der Tarifpartner und ein neues Aufgabenverständnis der Politiker. In der Vergangenheit konnten für solche Reorganisationen die notwendigen Regelungen relativ einfach zentral verabschiedet werden. Diese Zeit liegt aber endgültig hinter uns. Heutzutage und erst recht in der Zukunft muß an der Spitze mit Rahmenrichtlinien geführt werden. Die eigentliche Umsetzung des Harmonisierungsprozesses hat auf der betrieblichen Ebene zu erfolgen. Diese Umstellung bedeutet sowohl für die Unternehmer als auch für die Betriebsräte eine erhebliche Herausforderung. Denn der dieser Lösung immanente Zwang zur Kooperation verlangt eine völlig andere Einstellung der Beteiligten.

In der Vergangenheit neigten die Arbeitgeber aufgrund ihrer persönlichen und wirtschaftlichen Position in höherem Maße als die Gewerkschaften zur Immobilität. Nur sehr selten erfolgten Anstöße zur Verbesserung sozialer und humaner Verhältnisse von der Seite der Arbeitgeber. Wo einzelne freiwillige Initiativen der Arbeitgeber zum sozialen Fortschritt beitrugen, wie zum Beispiel bei der betrieblichen Altersversorgung, spielten auch wirtschaftliche Interessen, in diesem Falle Finanzierungsmöglichkeiten, eine Rolle. Die Erkenntnis, daß motivierte Mitarbeiter bessere Leistungen erbringen und Menschlichkeit auch eine Bedingung des Fortschritts ist, hat nur selten das Handeln der Unternehmer bestimmt. Im Vordergrund standen meist faktische oder vermeintliche Rechtspositionen sowie auch egozentrische Motive. Auch heute reagieren die Arbeitgeberverbände mehr, als daß sie agieren. In diesem Zusammenhang braucht man nur an die Argumentation anläßlich der Auseinandersetzungen über die Arbeitszeitverkürzung und Vermögensbildung zu denken.

Mit diesem Sachverhalt sind natürlich auch unsere Politiker vertraut. Ihre Aufgabe verpflichtet sie, notwendige gesellschaftliche Entwicklungen durchzusetzen. Die Gesetzgebungsprozedur führt dann zu mancherlei Dissens mit den Arbeitgeberverbänden wie auch mit den Gewerkschaften. Die Klagen der Tarifpartner bei gesetzlichen Regelungen sind allerdings nicht nur aus subjektiver Sicht, sondern gelegentlich auch objektiv begründet. Schließlich müssen wir unseren Politikern bei ihrer umfassenden Aufgabenstellung auch Erfahrungsdefizite zubilligen. Ihre Interventionspflicht wird dadurch nicht in Frage gestellt. Das sollte jeder bedenken, der Kritik übt. Es folgt daraus aber auch, daß Fehlentwicklungen aufgezeigt und korrigiert werden müssen. Das ist ein normaler, demokratischer Prozeß.

Bewertung des Zielverständnisses der Arbeitgeberverbände

Was die zukünftige Verbandsarbeit der Arbeitgeber anlangt, so möchte ich die Frage aufwerfen, ob nicht eine weiter vorausschauende Verbandspolitik bessere Resultate hätte. Die Neigung des Unternehmerlagers, nur zu klagen und am Ende Entwicklungen passiv hinzunehmen, führt erstens zu nichts und ist zweitens unternehmerischen Charakteren auch nicht angemessen. Der Gestaltungswille des Unternehmers sollte sich auch in Tariffragen und im Bereich der Gesellschaftspolitik ausdrücken! Unternehmer spüren aufgrund ihrer Praxisnähe Entwicklungstendenzen sehr früh, und sie haben auch am ehesten die Kompetenz, sachgerechte Lösungen zu entwickeln. In diesem Sinne scheint mir eine Überprüfung der konservativen und defensiven Haltung der Unternehmer notwendig. Es ist falsch, sich immer drängen zu lassen. Man muß selber zur gestaltenden Kraft werden: Der Angriff ist die beste Form der Verteidigung! – Daß zu einem solchen Vorgehen eine zeitgemäße Definition der Unternehmensaufgabe und das Überwinden mancherlei verständlicher Egoismen gehören, möchte ich gerade in diesem Zusammenhang noch einmal betonen.

Die Chance für eine konstruktivere Tarifpolitik der Arbeitgeber ist heute besonders groß. Manche aus Dogmen abgeleiteten Ungereimtheiten sozialistischer Wirtschaftspolitik haben sich längst als Irrtum offenbart. Die Gewerkschaften konnten noch nicht zu einem zeitgerechten Verständnis ihrer Aufgaben finden und stehen in einer gefährlichen Krise ihres Selbstverständnisses. Dieses Szenario könnte eine hervorragende Ausgangsbasis für eine fortschrittliche Arbeitgeberpolitik darstellen. Der Strategie der Gewerkschaften müßten die Arbeitgeber heute eigentlich wie folgt begegnen:

- Ein vorwärtsgerichtetes Konzept entwickeln
- Eine Intensivierung der Meinungsbildung und Solidarität unter den Mitgliedern
- Eine deutlichere Interpretation des eigenen Standpunkts in der Öffentlichkeit

Ob unsere Arbeitgeberverbände und ihre Mitglieder diese Chance wohl begreifen? Sollte es der Fall sein, so würde ihre Initiative demokratischer Ordnungspolitik entsprechen.

Bewertung der Strategie der Gewerkschaften

Unsere Gewerkschaften benötigen – aber erhalten auch – die Solidarität ihrer Mitglieder viel deutlicher als die Arbeitgeberverbände. Insgesamt verdienen sie über alle ihre Fehler und Irrtümer hinweg das Kompliment, die wirksamere Vertretung ihrer Gruppen zu sein. Die Gewerkschaftsmitglieder sind verständlicherweise stets offen für weitergehende Forderungen ihrer Organisation an die Arbeitgeber. Darüber hinaus werden sie ja immer wieder überzeugt durch Verhandlungserfolge ihrer Vertreter, zum Beispiel anläßlich der jährlichen Tarifabschlüsse. Eine sehr geschickte, allerdings oft auch demagogische Interpretation der Gewerkschaftspolitik verstärkt den Eindruck der Kompetenz bei den Mitgliedern. Dagegen werden fehlerhaftes Verhalten und Mißerfolge nicht gleicherweise erfaßt, da die Materie zumeist nicht sehr übersichtlich ist und eine lautstarke gewerkschaftliche Kommentierung selbst in Niederlagen noch »tragfähige Kompromisse« erkennen kann. Solches Verhalten zählt wohl zu den üblichen Schattenseiten demokratischer Praxis. Nur sehr selten werden gewerkschaftliche Fehler so offenkundig, wie jetzt im Fall der »Neuen Heimat«. Ob diese Erfahrung wieder verdrängt wird oder zu einer neuen Politik führt, wird ein spannendes neues Kapitel der Gewerkschaftsgeschichte sein.

Die Tarifpartner beanspruchen für sich die Tarifautonomie. Dieser Anspruch ist ordnungspolitisch gerechtfertigt. Er verpflichtet dann aber auch zum Handeln. Den Politikern den schwarzen Peter zuzuschieben, wenn diese nach langem Abwarten Entscheidungen fällen, ist nicht fair. In einer Demokratie ist jeder Bürger und ist jegliche Interessenvertretung zum Handeln verpflichtet. Ich wünschte mir, wir alle würden in diesem Sinne ein besseres Demokratieverständnis entwickeln.

So wie der Erfolg jedes Wirtschaftsunternehmens in erster Linie von seiner Führung abhängt, ist auch das derzeitige Vakuum in der Gewerkschaftspolitik ein Versäumnis der Führung. Es ist gefährlich, daß demokratische Organisationen die Bedeutung sachgerechter Personalarbeit nicht begreifen. Hier liegt doch der Schlüssel zum Erfolg. Der Einwand, daß Personalarbeit im Widerspruch zum demokratischen Prinzip stehe, stimmt zwar mit der Praxis überein, ist aber vom System der Demokratie her nicht zu begründen. Keine einzige Großorganisation auf dieser Welt ist bereit, auf eine systematische Personalarbeit zu verzichten. Im Gegenteil: Gerade auf diesem Feld werden die größten und vorausschauendsten Anstrengungen gemacht. Die Personalpolitik der Demokratie zu ändern, wird gewiß nicht leicht sein, aber man wird darum nicht herumkommen.

Unsere Gewerkschaften haben zur Zeit guten Grund, darüber nachzudenken, ob ihre Führungspyramide hinreichend qualifiziert ist. Wir wollen nämlich nicht übersehen, daß auch die Aufgabenstellung der Gewerkschaften immer schwieriger wird. Auch dort kann man nicht mehr zentralistisch führen und für alle denkbaren Fälle Verhaltensregeln aufstellen. Der Freiraum der Funktionäre muß wachsen – und auch deren Befähigung. Das verlangt gerade die Herausforderung, die die von der Gewerkschaft so sehr begrüßte Mitbestimmungsgesetzgebung darstellt. Hier hat man im Gewerkschaftslager sehr deutlich die Grenzen der Kompetenz erfahren. Eine in der Zukunft unerläßliche größere Flexibilität der Tarifgestaltung und selbstbewußtere Betriebsräte werden den Alltag der gewerkschaftlichen Funktionäre nicht einfacher machen. Aber auch der Führungsauftrag, vor dem sich die Spitze der gewerkschaftlichen Organisation sieht, stellt eine erhebliche Herausforderung dar. Neue Ziele zu setzen, Strategien zu definieren, zu führen und zu koordinieren, das alles ist eine Führungsaufgabe mit neuen Dimensionen geworden. Wenn diesen Herausforderungen nicht bald – auch mit einer adäquaten Personalarbeit – geantwortet wird, werden die Zweifel an der Befähigung unserer Gewerkschaften, ihre Zukunft zu meistern, wachsen.

Die Arbeitgeber haben es hinsichtlich der personellen Kompetenz ihrer Funktionäre und ehrenamtlichen Mitarbeiter sehr viel besser. Die durch die Berufsarbeit leistungsbezogene Selektion der Mitglieder im Arbeitgeberverband bringt wesentlich qualifiziertere Funktionäre in die Schaltstellen der Verbandsarbeit. Wenn die Verbandsarbeit trotzdem den skizzierten unbefriedigenden Status aufweist, liegt das weniger an den handelnden Personen als an dem unzureichenden Interesse und der zu geringen Solidarität im Lager der Arbeitgeber.

Ein gravierender Mangel in den Leistungen gewerkschaftlicher Funktionäre scheint mir durch das überkommene Aufgabenverständnis bedingt. Bis heute mußte jeglicher Schritt nach vorn der Gegenseite abgerungen werden. Drohungen und Härte waren dabei hilfreicher als Überzeugungsarbeit. Die Gewerkschaftsmitglieder ihrerseits wurden durch die Erfolge ihrer Funktionäre überzeugt und befürworteten dementsprechend das Verhalten ihrer Führung. Zu dieser gewerkschaftlichen Politik gehörte die Erzeugung von Klassenkampfatmosphäre; ständige Konfrontation schuf günstige Kampfstimmung der Mitglieder. In der heutigen Zeit wird das bald nicht mehr ausreichen. Auf diese Weise wird man weder die Mitglieder überzeugen können noch einen wirtschafts- und gesellschaftspolitischen Koordinierungsauftrag erfüllen können, der Verständnis für die Belange der Unternehmensführung und kooperatives Verhalten fordert.

Heute müssen die Gewerkschaften die Mitbestimmung, die sie ja gefordert haben, auch mit verantworten. Die dabei sichtbar gewordenen Schwächen in der Führungskompetenz und im Sachverstand bleiben auch den Mitarbeitern in den Unternehmen nicht verborgen. Dazu kommt, daß die sachlich ausgerichtete Arbeit im Aufsichtsrat sehr viel weniger publikumswirksam ist als der lautstarke Protest auf der Straße. Die Gewerkschaft hat sich selbst in die Verantwortung einbezogen, und nun muß sie sich zu Führungsentscheidungen bekennen – auch wenn diese den Mitarbeitern wenig angenehm sind. Diese Veränderung der Aufgabenstellung wird die Gewerkschaften noch lange beschäftigen. Übrigens ist das ein Prozeß, den die Politiker beim Erlaß des Mitbestimmungsgesetzes durchaus gewollt haben.

Nun erweist sich also, daß Rechte auch Pflichten bedingen. Zur Zeit ist die Führungsmannschaft in der Gewerkschaft für die geänderte Situation unzureichend gerüstet. Für die Gewerkschaft gibt es meines Erachtens nur zwei Alternativen: Entweder man versucht die angestrebte Position auszufüllen oder aber man erkennt, daß man das übernommene Mandat nicht ausfüllen kann. Meine Prognose dazu: Man wird die Vorwärtsstrategie nicht bewältigen, weil man die dazu benötigten qualifizierten Aufsichtsratsvertreter nicht bekommen kann. Wahrscheinlich werden nach einem jahrzehntelangen Prozeß der Erprobung sowohl die Politiker als auch die Öffentlichkeit die Situation begreifen und die notwendigen Korrekturen in die Wege leiten. Eine solche Prognose mag für die Gewerkschaften nicht ermutigend sein. Sie hat aber viel Wahrscheinlichkeit für sich. Nur wer selbst Verantwortung trägt und Führungserfahrung hat, wird dazu Stellung nehmen können. Im Augenblick sind wir noch weit von einem solchen Erkenntnisprozeß entfernt. Die aktuelle gewerkschaftliche Forderung nach einer Ausweitung der Mitbestimmung durch die Anwendung des Montan-Mitbestimmungsmodells macht den gegenwärtigen Erkenntnisstand deutlich.

Meiner festen Überzeugung nach ist der von mir befürwortete kooperative Arbeitsstil im Unternehmen nicht eine Option unter vielen Alternativen. In nicht zu ferner Zeit werden immer mehr Unternehmer aufgrund ihrer immer schwieriger werdenden

Aufgabenstellung sich zu vertrauensvoller Zusammenarbeit mit ihren Mitarbeitern gezwungen sehen. Dabei werden sie auch den Wert der einzelnen Bausteine partnerschaftlichen Verhaltens begreifen. Im Zuge dieses Entwicklungsprozesses wird die Konfliktstrategie der Gewerkschaften aber immer unwirksamer.

Was die Strategie der Gewerkschaften anlangt, so werden sie nach einer Überprüfung der heutigen Prämissen in der Wirtschaft eine neue Zieldefinition vornehmen müssen. Die Schwerpunkte der neuen Zielsetzung müssen dabei auf mehr Kooperation im Unternehmen und mehr Selbstverwirklichung am Arbeitsplatz gerichtet sein. Statt Umverteilung und Gleichheit sollte die Beteiligung am Unternehmen angestrebt werden. Anstelle der Mitbestimmung im Aufsichtsrat sollte man sich für mehr Mitsprache am Arbeitsplatz einsetzen. Unsere Gewerkschaften haben ohne jeden Zweifel in den vergangenen hundert Jahren erfolgreich sozial- und gesellschaftspolitische Entwicklungen vorangetrieben. Wir wollen hoffen, daß sie das auch in der Zukunft tun – aber dann ganz gewiß auf andere Art und Weise.

Die von mir immer wieder herausgestellte Tatsache, daß sich die Voraussetzungen ebenso wie die Ziele unternehmerischer Arbeit grundlegend geändert haben, muß von beiden Tarifpartnern noch nachvollzogen werden. Dieser Vorgang benötigt Zeit, wahrscheinlich mehrere Jahrzehnte. Wer sich aber der Entwicklung und neuen Erkenntnissen verschließt, gerät mit Sicherheit ins Abseits. In den vergangenen Jahrzehnten waren die Arbeitgeber allzu oft die Buhmänner der Nation. Heute müssen die Gewerkschaften aufpassen, daß sie nicht eines Tages am Pranger stehen. Für sie wären die Folgen verhängnisvoller: Es wäre eine Existenzfrage der deutschen Gewerkschaftsbewegung. Eine Entwicklung dieser Art dürfen wir aus ordnungspolitischen Gründen nicht zulassen, denn selbst als Verfechter des partnerschaftlichen Unternehmens ist mir völlig klar, daß Gruppenkonflikte auch in der Zukunft existieren werden. Ich wollte aber deutlich machen, wie sehr mir an einer Erneuerung der Gewerkschaftsarbeit gelegen ist.

Abschließend möchte ich noch einmal die wichtigsten Forderungen herausstellen, welche die Arbeit unserer Gewerkschaften in der Zukunft bestimmen sollten:

- Kooperationsbereitschaft statt Konfrontationsstrategie
- Mehr Selbstverwirklichung in der Welt der Arbeit
- Mehr Eigenverantwortung statt Solidarität
- Statt Nivellierung stärker leistungsbezogene Vergütungen
- Beteiligung der Mitarbeiter an ihrem Unternehmen
- Liberalere und flexiblere Tarifpolitik
- Sachgerechte Mitwirkung auf allen Ebenen des Unternehmens

Kooperative Tarifpartnerschaft

Angesichts der veränderten Voraussetzungen für die Arbeit der Tarifpartner muß man auch die Frage stellen, ob der überlieferte Stil ihrer Kooperation und Verhandlungsführung sachgerecht ist. Das sattsam bekannte Ritual der Tarifkämpfe wirkt heute nur noch wenig überzeugend. Nicht sorgfältige Vorbereitung und qualifizierte Argumentation beherrschen das Feld, sondern kämpferisches Getöse und Demonstration der Macht. Mit einem gesamtwirtschaftlich und politisch völlig unvertretbaren Aufwand werden allzu oft wenig bedeutsame Fragen erbittert ausgefochten. Die Resultate des Streits sind häufig für beide Seiten eine Überraschung, und selten sind sie sachgerecht.

Diese Art der Meinungsbildung und der Entscheidungsfindung ist antiquiert und der Bedeutung des Gegenstandes nicht angemessen. Jeder, der in unserer Zeit Führungsverantwortung trägt, weiß, wie schwierig die Entscheidungsfindung in komplexen Sachverhalten geworden ist. In der Form eines Machtkampfes dürfen wir Meinungsunterschiede nicht mehr ausfechten. Nur aufgrund sorgfältiger Entscheidungsvorbereitung und nach der Prüfung aller denkbaren Alternativen darf heute verhandelt werden. Die Kompetenz für so komplexe Fragen kann aber nicht mehr bei einer kleinen Verhandlungsdelegation liegen. Auf beiden Seiten ist die

Aufbereitung der Thematik durch Arbeitsausschüsse unerläßlich. Unsere Politiker machen uns das übrigens in ihrer parlamentarischen Routine immer wieder vor. Nicht die Machtposition eines Partners sollte die Entscheidung bestimmen, sondern das Gewicht der Argumente vor dem Hintergrund des gesamtgesellschaftlichen Interesses. Es bedarf keiner Betonung, daß der Streik als Mittel gewerkschaftlicher Verhandlungsführung die Qualität der Entscheidungen nicht verbessern kann – höchstens die Verhandlungs- und Einigungsbereitschaft. Ob die Funktion eines Streiks aber nicht besser durch eine sachlich kompetente, neutrale Schiedsinstanz erfüllt werden könnte, muß meines Erachtens vordringlich noch einmal geprüft werden. Dabei gehe ich davon aus, daß die Entscheidung des Schlichtungsausschusses verbindlich wäre. – Die positiven Erfahrungen in der Schweiz mit diesem Verfahren sollten auch von uns zur Kenntnis genommen werden.

Kämpfe hinterlassen Wunden. Diese sind in ihren Folgen oft schlimmer als die Unzufriedenheit mit dem Schiedsspruch. Wenn es stimmt, daß wir in der Zukunft ohne Kooperationsbereitschaft die von uns geforderte Leistung nicht mehr erbringen können, müssen wir um so mehr besorgt sein, Konflikte zu versachlichen und Feindschaft zu vermeiden. – Die Bürger in unserem Land haben längst begriffen, daß der Sozialpolitik jetzt Grenzen gesetzt sind. Sie spüren auch, daß der Klassenkampf nicht mehr das richtige Mittel ist, ihren Lebensstandard zu verbessern. Von Umverteilungsplänen haben sie genug, seit sie begreifen, daß sie es letzten Endes selber sind, die die »Wohltaten« bezahlen.

Unsere Bürger wollen weniger Staat und mehr persönlichen Freiraum. Sie werden mit ihrer Entscheidung bei Wahlen auch darauf Einfluß nehmen, daß die Tarifautonomie wieder sachgerecht ausgefüllt wird. So liegt es nun in der Hand der Tarifpartner, ihre Arbeitsweise nach Form und Inhalt zu rechtfertigen. Von schnellen Fortschritten dürfen wir dabei nicht ausgehen. Die Meinungsbildung in der Demokratie braucht ihre Zeit. Andererseits haben wir aber auch erfahren, daß die Überzeugung der Mehrheit unserer Bürger schließlich auch Fehlentwicklungen korrigiert. Im Interesse unseres demokratischen Staates wollen wir hoffen, daß die Tarifpartner sich als fähig erweisen, selber zu handeln und die ihnen aufgegebene Aufgabe zu gestalten. Bleibt es jedoch beim Status quo, so müssen die Politiker handeln.

Notwendige Wandlungen des demokratischen Systems

In diesem Abschnitt möchte ich als Unternehmer eher Fragen stellen als Antworten geben. Meine Laufbahn hat mir wenig Zeit gelassen, in demokratisch geführten Organisationen tätig zu sein. Die in der Öffentlichkeit oft erhobene Forderung »mehr Unternehmer in die Politik« habe ich nicht befolgt und halte sie im Grunde heutzutage auch nicht mehr für praktikabel. Die Aufgaben des Unternehmers lassen keinen Spielraum mehr für die Übernahme etwa des Mandats eines Landtags- oder Bundestagsabgeordneten. Beispiele, die man zum Beweis des Gegenteils anführen könnte, überzeugen mich nicht.

Andererseits habe ich mich mein Leben lang in erster Linie mit der Führungstechnik in der Wirtschaft beschäftigt und entsprechende Erfahrungen gesammelt. Dabei ist mir deutlich geworden, daß grundsätzlich unterschiedliche Aufgabenstellungen, wie zum Beispiel in den Bereichen der Politik, der Wirtschaft, beim Militär oder bei der Verbandsführung, die Übernahme gleicher Führungsgrundsätze teilweise verbieten – teilweise aber eben doch gestatten. Jedenfalls ist ein Vergleich der Führungstechnik bei ähnlicher, aber auch bei völlig anderer Aufgabenstellung außerordentlich nützlich, wenn es darum geht, die eigene Konzeption zu bewerten beziehungsweise zu verbessern. Aus dieser Sicht erlaube ich mir, einige Anmerkungen zum Stand der Führungstechnik in unserem demokratischen Staat zu machen. Ich meine sogar, daß eine solche Analyse aus demokratischem Engagement hervorgeht.

Die im Bereich der Wirtschaft fraglos zutreffende Aussage, daß die Befähigung der Führung den entscheidenden Erfolgsfaktor für ein Unternehmen darstellt, scheint mir mehr oder weniger auch für andere Aufgabenbereiche gültig zu sein. Dabei sollten wir »Führung« sowohl als System als auch in ihrer personellen Komponente begreifen. Viele Beispiele in der Geschichte belegen meine Auffassung.

Wenn ich mit einer solchen Voraussetzung die Funktion des Staates in den westlichen Demokratien bewerte, fällt es mir schwer, ein befriedigendes Testat zu erteilen. Mir scheint, daß die vergleichsweise geringe Zufriedenheit der Bürger, Parteien und Interessengruppen mit den gegenwärtigen Verhältnissen in Staat und Wirtschaft diese Skepsis eher bestätigen.

Die alte Erklärung, wonach die demokratische Staatsform zwar sehr unvollkommen, aber immer noch besser als alle anderen gesellschaftlichen Ordnungssysteme funktioniere, will ich nicht in Frage stellen. Aber ich möchte sie auch nicht als Blankoscheck zur Rechtfertigung aller Mißstände akzeptieren. Die Frage muß erlaubt sein, ob bei Aufrechterhaltung der demokratischen Essentials die Wirkungsweise der politischen Führung nicht entscheidend verbessert werden könnte.

Überall, wo Wettbewerb herrscht, setzt sich langfristig das Bessere gegenüber dem Schlechteren durch. Die Geschwindigkeit dieser Evolution ist stark abhängig von dem Druck, dem ein Ordnungssystem durch konkurrierende Einflüsse ausgesetzt ist. Die westlichen Demokratien haben zur Erzielung einer optimalen Leistungsbereitschaft für den Bereich der Wirtschaft deshalb ganz bewußt das marktwirtschaftliche System und die Aufrechterhaltung des Wettbewerbs vorgeschrieben.

Seit langem gibt es in der Wirtschaft keinen Zweifel mehr über die Bedeutung einer kompetenten Führung. Entsprechend entwickelte sich die Führungstechnik unter Berücksichtigung internationaler Erfahrungen relativ rasch. Eine Fülle von Managementliteratur und nicht abreißende Diskussionen dokumentieren die Wandlung der Führungstechnik in der Wirtschaft. Volkswirtschaften und Unternehmen, die versuchen, sich diesem Trend zu entziehen, sind in mehr oder weniger kurzer Zeit nicht mehr konkurrenzfähig. Ganz offensichtlich hat man in der Wirtschaft sowohl die Bedeutung der Führungstechnik als auch die Notwendigkeit ihrer ständigen Evolution erfaßt.

Geringer Evolutionszwang im Staat

Dagegen sind im politischen Raum die Voraussetzungen einer sachgerechten Methodenentwicklung zu schwach ausgebildet. Unter den verschiedenen politischen Parteien gibt es zwar eine Konkurrenz der Ziele. Aber diese Gegensätzlichkeiten sind relativer Natur, da der Unterschied zwischen programmatischen Erklärungen und Versprechungen einerseits und realer Politik andererseits erheblich ist. Ein Wirtschaftsunternehmen definiert seine Strategie und setzt sie durch – eine Partei stellt Programme auf, setzt sie aber kaum in die Praxis um. Die politische Führungstechnik ist im Gegensatz zur Theorie des Managements in der Wirtschaft kaum Gegenstand öffentlicher Debatten. Selbst die eigentlich betroffenen Politiker scheinen sich mit der eingefahrenen Routine der parlamentarischen Willensbildung sowie der Parteiarbeit zufriedenzugeben. Man stöhnt zwar unter der Last der überkommenen Gepflogenheiten, aber mangels Kenntnis von Alternativen ist man geneigt, den Status quo als unabänderlich zu betrachten. Die Bürde überlieferter Formen politischer und staatlicher Praxis ist in der Tat riesig und lähmend. Wäre dieses anders, hätte sich gewiß auch in den anderen westlichen Demokratien methodisch schon mehr bewegt.

Im Bereich der staatlichen Zuständigkeit und ganz besonders im Bereich der politischen Routine kommt es nur unter erheblichem Druck der Öffentlichkeit zu Entwicklungen. Ein Druck mag zwar in Teilbereichen gelegentlich entstehen, aber im ganzen werden die öffentliche Hand und die Politik von solchen Zwängen wenig berührt. Dazu kommt, daß persönlich spürbare Sanktionen für Fehlentscheidungen im öffentlichen Bereich nicht üblich sind oder doch sehr milde ausfallen. Selbst der in der Wirtschaft höchst wirksame finanzielle Druck führt beim Staat entweder gar nicht oder viel zu spät zu Korrekturen. Für den Staat ist es zu einfach, sich Geld zu beschaffen. Um so mehr ist es für die Politiker verlockend, sich durch finanzielle Großzügigkeit beliebt zu machen. In allen Wahlkämpfen wird diese Praxis demonstriert. Jede andere Organisation müßte bei einer bedrohlichen Ertrags- und Liquiditätslage reagieren und sparen. Unsere Politiker kommen auf solche Gedanken sehr selten. Sparen ist nämlich beim Wahlvolk nicht beliebt und kostet Stimmen. Dazu kommt, daß unsere Politiker aufgrund ihrer Führungserfahrung nicht einmal ahnen, auf welche Weise und wo im öffentlichen Bereich gespart werden könnte. So ist der Anblick für einen Unternehmer geradezu grotesk, wie sich die westlichen Demokratien verschulden, ohne die leisesten Rationalisierungsanstrengungen zu machen. – Um die Größenordnung dieser Problematik für unser Land anzudeuten, verweise ich darauf, daß die gesamte jährliche Netto-Kreditaufnahme der öffentlichen Hand von ca. sechzig Milliarden DM überflüssig wäre, wenn die Wirtschaftlichkeit im staatlichen Zuständigkeitsbereich auch nur um zehn Prozent angehoben würde. Ein solches Ziel kommt mir angesichts der Situation nicht zu hochgesteckt vor.

Während wir also infolge des nicht funktionierenden Kostendrucks bei der öffentlichen Hand keine ausreichende methodische Weiterentwicklung beobachten, könnte man doch auf die Erfüllung der immer wieder erhobenen Forderung nach einem Abbau der Subventionen hoffen. Aber auch in dieser Hinsicht sollten wir wohl unsere Erwartungen dämpfen. Bisher haben wahltaktische Rücksichten zu einer unglaublichen Abstinenz hinsichtlich eines Subventionsabbaus geführt. Mögen auch die Ergebnisse staatlicher Investitionen noch so unsinnig sein, wie etwa im Agrarbereich – es fehlt die politische Entschlossenheit, das Vernünftige zu tun. Ein von der Konzeption der Marktwirtschaft überzeugter Demokrat kann schon längst nicht mehr verstehen, daß auf seine Kosten Gruppeninteressen gepflegt und überholte Strukturen gestützt werden.

Vom Finanzbedarf des Staates sind also ausreichende Anstöße zur Weiterentwicklung der demokratischen und staatlichen Führungspraxis nicht zu erwarten; denkbar wäre, daß der politische Pluralismus unserer Parteien zu methodischen Entwicklungen im Staat führte. Aber in dieser Richtung hege ich keine großen Hoffnungen. Unsere Politiker sind die Gefangenen ihrer eigenen Routine geworden. Sie verstehen die Demokratie als ein unveränderliches

Dogma und trauen sich nicht mehr, die Formen der Parteiarbeit und der parlamentarischen Routine kritisch zu überprüfen. Erfahrungen anderer demokratischer Staaten oder die Entwicklungen in der Führungstechnik der Wirtschaft scheinen für unsere Politiker nicht relevant zu sein. Selbst die gelegentlich neu gefaßten Parteiprogramme mit ihren weitreichenden Zielsetzungen beschäftigen sich nicht mit dieser Aufgabenstellung.

Nun könnte man noch erhoffen, daß die Medien und die öffentliche Kritik den notwendigen Druck auslösen würden. Eine solche Erwartung unterschätzt aber den Schwierigkeitsgrad der Aufgabenstellung und überschätzt den Sachverstand der Meinungsbildner in der Öffentlichkeit. Ich verkenne nicht, daß es einige kritisch-konstruktive Stimmen aus verschiedenen Lagern gibt, die in durchaus bemerkenswerten Publikationen zu dieser Problematik Stellung nehmen. Angesichts der Kompliziertheit der Materie findet die Diskussion aber im kleinsten Kreise statt. Das in einer Demokratie notwendige Entstehen von Mehrheitsmeinungen wird sich so nicht ergeben. So sind weder Druck noch Zwänge erkennbar, die geeignet wären, die Entwicklung unseres Staates voranzutreiben. Als Unternehmer habe ich mich zum Glück nicht daran gewöhnen müssen, ineffiziente Verfahrensweisen als unabänderlich zu akzeptieren. Deshalb will ich abschließend noch einmal auf die dringlichsten demokratisch-staatlichen Aufgaben hinweisen:

- Wir müssen die Gefährlichkeit des Status quo begreifen. – Ein wissenschaftlicher Vergleich mit der Führungserfahrung anderer Demokratien und anderer Aufgabenbereiche würde Alternativen aufzeigen. Die so gewonnenen Erkenntnisse bedürfen der öffentlichen Diskussion, um die Aufgeschlossenheit für neue Lösungen zu schaffen.
- Wir dürfen unsere demokratische Ordnung nicht als Dogma verstehen. – Insbesondere die Routine unserer politischen Parteien und Gewerkschaften muß kritisch in Frage gestellt werden.
- Die politische Alltagsarbeit muß wieder stärker an strategischen Zielen ausgerichtet werden. Dabei müssen wir begreifen, daß heutzutage mehr Freiheit und Verantwortung des einzelnen eher weiterführen als die Perfektionierung staatlicher Regelungen.
- Die Möglichkeiten der Kreditaufnahme der öffentlichen Hand müssen wirksam begrenzt werden.
- Die Spielregeln der Marktwirtschaft sollten für alle wirtschaftlichen Tätigkeiten – also auch im Bereich des Staates – Gültigkeit haben. Subventionen sind abzubauen.
- In der staatlichen Verwaltung und bei öffentlichen Dienstleistungen sollten zum Vorteil der Gesellschaft viele Funktionen privatisiert werden. Aber auch die verbleibenden Aufgaben können zumeist besser unter Anwendung der Führungstechnik der Wirtschaft erfüllt werden.

Ich bedauere, daß solche Zielsetzungen in unserem Staat nicht durch ausreichende Zwänge begünstigt oder sogar durchgesetzt werden. Denn erst sehr spät wird deutlich werden, wie teuer uns die jetzigen führungstechnischen Versäumnisse zu stehen kommen. Unsere Wirtschaft wird zwar immer versuchen, im internationalen Wettkampf ihr Bestes zu leisten. Man muß aber begreifen, daß die Wirtschaft in vielfältiger Weise auf die Funktionstüchtigkeit des Staates angewiesen ist. Ein ineffizienter Staat belastet die Leistungsfähigkeit der Wirtschaft ganz erheblich; das zeigt sich in den sozialistischen Wirtschaften der Volksdemokratien.

Diesen Zusammenhang sollte auch unsere eigene politische Führung erkennen, ehe es zu spät ist. Die übliche Regierungspraxis, nach der einen Seite mehr zu reglementieren, nach der anderen umzuverteilen und dabei auf Beifall zu hoffen, greift nicht mehr. In der Zukunft werden wir nur besser und menschenwürdiger leben, wenn wir den Einfluß des Staates reduzieren und effizienter gestalten. Denn wir wollen nicht vergessen, daß der Wettkampf der Systeme – und zwar auf internationaler Ebene – seinen Fortgang nimmt. Die Entwicklungen in den letzten Jahrzehnten in USA, Japan und Europa belegen das sehr eindrucksvoll. Wir haben keine Zeit mehr zu verlieren, die Ordnung unserer Gesellschaft zu überprüfen und ihre Strukturen auf die Anforderungen der Zukunft auszurichten!

V.

Folgen und Wirkungen eines partnerschaftlichen Unternehmensverständnisses

Vordergründig betrachtet könnte man das Konzept des partnerschaftlichen Unternehmens als optimale Lösung der Harmonisierungsaufgabe zwischen Kapital und Arbeit bewerten. Ein solches Ergebnis allein wäre in der Tat Grund genug, in der Wirtschaft partnerschaftlich zu arbeiten. Aber man sollte gleichzeitig erkennen, daß die Beendigung der Konfliktsituation zwischen Kapital und Arbeit nur ein Teilergebnis darstellt. Als viel wichtiger werden sich die konstruktiven Möglichkeiten und Auswirkungen des partnerschaftlichen Arbeitsstils erweisen.

Der durch die historische Entwicklung bedingte Klassenkampf war angesichts der Natur des Menschen wohl unvermeidlich. Seine Resultate haben die Wandlung des ungebändigten Kapitalismus zur sozialen Marktwirtschaft ermöglicht. Heute ist dieser Prozeß weitgehend abgeschlossen. Die Aufgabenstellung der Zukunft wird statt harter Auseinandersetzung aber Kooperation verlangen. Das Ziel des Wirtschaftens besteht nicht mehr in der Gewinnmaximierung des Unternehmens, sondern in einem optimalen Leistungsbeitrag für unsere Gesellschaft. Diese Definition muß begriffen werden.

Die Aufgabenstellung unserer Wirtschaft ist heute komplizierter denn je geworden. Daß wir in dieser Situation einen großen Teil der Arbeitskraft unserer Führung allein für die Harmonisierungsaufgabe zwischen Kapital und Arbeit benötigen und dabei erhebliche betriebliche Reibungsverluste zu verbuchen haben, ist nicht mehr zeitgemäß. Nachdem wir die soziale Frage in unserem Land im wesentlichen gelöst haben und die Umverteilungspolitik keine Ergebnisse mehr zeitigen kann, müssen wir jetzt begreifen, daß es darauf ankommt, produktiver und kreativer zu arbeiten. Dazu aber bedarf es der Motivation und des Konsenses aller am Arbeitsprozeß Beteiligten. Heute stehen wir vor der Aufgabe, die Verhältnisse in unseren Betrieben so zu gestalten, daß der einzelne sich wieder mit seinem Unternehmen identifizieren kann. Sollte uns das gelingen, werden wir ein riesiges Potential zusätzlicher wirtschaftlicher Leistungsreserve erschließen. Parallel zu diesem wirtschaftlichen Ergebnis ergäbe sich automatisch ein sehr viel höherer Grad menschlicher Befriedigung in der Welt der Arbeit.

Wir dürfen allerdings nicht glauben, daß es in einem partnerschaftlich verfaßten Unternehmen keinerlei Gruppenkonflikte mehr gäbe. Die Interessen und Ziele der verschiedenen dort wirkenden Gruppen werden immer noch auseinandergehen – aber längst nicht mehr in dem Maße wie zuvor. Ein Interessenausgleich und eine Harmonisierung wird also sehr viel einfacher werden. – Der Weg zu einem solchen Zustand hat aber nichts mit einer Art von »Demokratisierung« zu tun, sondern ganz einfach mit der Anwendung moderner Führungstechnik und einem richtigen Zielverständnis des Unternehmens.

Die für die Wirtschaft unerläßliche Identifikation der Mitarbeiter setzt zugleich mehr Selbstverwirklichung und mehr Mitsprache am Arbeitsplatz voraus. Auch die Beteiligung am Erfolg des Unternehmens gehört dazu. Das Mitbestimmungsgesetz bietet in dieser Hinsicht keinerlei überzeugende Möglichkeiten. Wir müssen begreifen, daß wir die notwendige Mitwirkung der Mitarbeiter in anderer Form gestalten müssen.

Auch in Zukunft wird der Auftrag der Tarifpartner darin bestehen, für einen sachgerechten Interessenausgleich zwischen Kapital, Management und Arbeit zu sorgen. Allerdings muß das Verfahren der Harmonisierung von Grund auf geändert werden. Unsere Tarifpartner müssen ebenso wie der Gesetzgeber lernen, daß sich Führungseinfluß auf Rahmenrichtlinien zu beschränken hat. Zentralistischer Perfektionismus scheitert heute an der Komplexität der Aufgaben. Die gestalterische Verwirklichung der Rahmenrichtlinien muß auf betrieblicher Ebene erfolgen. Der dazu gehörende Handlungsfreiraum und die für unsere Betriebe notwendige Flexibilität müssen aber von den Unternehmern, Betriebsräten und Gewerkschaften erst noch erlernt werden. Diese Aufgabe verlangt sehr viel mehr Befähigung und Verantwortungsbereitschaft als die frühere Praxis des Anordnens. Aber es geht eben auch darum, menschlicher und effizienter zugleich zu arbeiten. Am Anfang einer solchen Entwicklung muß ein Besinnungsprozeß stehen, der die Ziele und Wege des zukünftigen Vorgehens klar definiert. Dieser Denkprozeß kann charakterisiert werden durch die Forderung »Kooperation statt Konfrontation«.

An diesem Denkprozeß muß auch die Öffentlichkeit beteiligt werden. Die politischen Parteien und die Vertreter der Tarifpartner müssen ihre neuen Ziele vorstellen und begründen. Die innerbetriebliche Diskussion gehört ebenso dazu wie die Auseinandersetzung in unseren Medien. Nur so können in einer freien Gesellschaft Überzeugungen entstehen.

Der Harmonisierungsprozeß in der Wirtschaft wird erhebliche Wirkungen auch im Bereich der Gesellschaftspolitik haben. Schon heute beherrscht die Debatte über eine gerechte und menschenwürdige Ordnung in der Wirtschaft sowie die Verteilung der Resultate unserer Arbeit die politische Debatte. Das unerläßliche Vorhaben, zu einer auf Kooperation basierenden Wirtschaftsordnung zu gelangen, wird von nicht geringerem Kampfesgetöse begleitet werden. Erreichen wir aber dieses Ziel, wird sich als eines der Resultate eine erhebliche Entlastung der Politik ergeben. Eine auf Kooperation basierende Gesellschaft wird wieder Kraft haben, vorauszudenken und unsere Welt menschlicher zu gestalten. Für den Menschen wird die Harmonisierung der Wirtschaft einen höheren Lebensstandard und mehr Zufriedenheit bedeuten. Die Bedrohungen durch wirtschaftliche Krisen werden abnehmen. Die Möglichkeiten eines menschlichen und sinnerfüllten Lebens nehmen dagegen zu. So scheint mir der Schluß wohl begründet, daß eine partnerschaftlich verfaßte Wirtschaft zugleich auch sehr viel mehr politische Stabilität mit sich bringt.

Die Prämissen für eine solche Entwicklung sind teilweise schon vorhanden – teilweise reifen sie jetzt heran. Die unabweisbare Forderung an unsere Betriebe, engagierter und vor allem kreativer zu arbeiten, wird zum Glück in unserer Zeit unterstützt durch den Wunsch und die Befähigung vieler Mitarbeiter, eigene Denkanstöße in den Arbeitsprozeß einzubringen und auch Verantwortung zu übernehmen. Die Mitarbeiter unserer Unternehmen werden sich in Zukunft nicht mehr mit ihrer ganzen Kraft einsetzen, wenn sie Anordnungen einer anonymen Führungshierarchie befolgen müssen, die sie weder verstehen noch gutheißen können. Genauso wollen sie aber auch keinerlei Bevormundung mehr von seiten ihrer Gewerkschaften. Unsere Mitarbeiter haben nämlich mehr und mehr gelernt zu beurteilen, ob die Gewerkschaft wirklich in ihrem Sinne handelt – oder Ziele verfolgt, die dogmatisch begründet und für die Wirtschaft schädlich sind.

Das gilt auch für den Stil und die demagogische Art des Austragens von Differenzen mit Politikern und Arbeitgebern. Schon heute und vermehrt in der Zukunft werden unsere Mitarbeiter in der Lage sein zu erkennen, ob die Vertretung ihrer Interessen ehrlich und sachgerecht erfolgt. Immer weniger wird ein durch Machteinsatz errungener Sieg überzeugen. Denn ein solcher Vorteil einer einzigen Gruppe ist häufig der Grund dafür, daß wir alle schlechter leben. Man soll sich nicht täuschen: In unserer Zeit reifen immer mehr Menschen zum »mündigen Bürger« heran!

Im partnerschaftlichen Unternehmen verfolgt man die Schlachten der Tarifpartner nur noch mit Kopfschütteln. Dort hat man erkannt, daß unnötiger Streit viel Geld kostet – auch das Geld der Mitarbeiter! Für noch viel schwerwiegender sieht man es dort aber an, daß eine solche Praxis die Kooperationsbereitschaft und Motivation aller im Unternehmen Tätigen schädigt. Denn dadurch verringert sich das Leistungspotential des Unternehmens.

Der Weg zur Partnerschaft

Wenn ich eine so hohe Meinung von den Wirkungen des partnerschaftlichen Unternehmensmodells habe, so muß ich auch zu den Voraussetzungen Stellung nehmen, den partnerschaftlichen Stil in der Praxis zu realisieren. Als Unternehmer habe ich gelernt, daß Zielsetzungen realistisch sein müssen. Utopien sind in der Wirtschaft gefährlich – wie übrigens auch im politischen Raum. Sagen wir es deutlich: Auch wohlgemeinte Utopien sind gesellschaftsfeindlich. Die so leicht eingängige Theorie des Sozialismus ist dafür ein gutes Beispiel. Das partnerschaftliche Unternehmensmodell kann also nur dann zur Durchsetzung empfohlen werden, wenn es erstens realisierbar ist und zweitens sich als erfolgreich bewährt.

Die Frage drängt sich auf, wer denn am besten die Initiative ergreifen sollte. Hier liegt es nahe, an unsere Politiker zu denken, da es ja zu ihren Aufgaben gehört, gesellschaftspolitische Ordnungsmodelle in die Wege zu leiten. Und in der Tat haben sie in der Vergangenheit - zumeist erst spät - auch reagiert, wenn sich aufgrund der Immobilität der betroffenen Gruppen ein notwendiger Wandel nicht einstellen wollte. Insofern möchte ich auch für den Evolutionsbedarf die Verantwortung der Politik bejahen.

Ob unsere politischen Gruppierungen allerdings die Kompetenz besitzen, solch eine Entwicklung auf den Weg zu bringen und dann zu steuern, erscheint mir in hohem Maße fraglich. Eher sollten in einer freien und demokratisch verfaßten Gesellschaft wohl die direkt Betroffenen selber reagieren. In diesem Fall wären das unsere Tarifpartner. Allerdings dürfen wir die Hindernisse in den Strukturen dieser Organisationen nicht gering einschätzen. Demokratische Vertretungen sind nun einmal ihrem Wesen nach keine Pioniere des Neuen! Deshalb sehe ich die beste Chance für eine Initiative in der Gruppe, die gemäß ihrer beruflichen Aufgabenstellung von der Innovation und vom Erfolgswillen lebt. Diese Gruppe ist nicht charakterisiert mit den Unternehmerverbänden, sondern vielmehr mit der einzelnen

Unternehmerpersönlichkeit. Gerade die Aufgabe und Erfahrung eines Unternehmers enthalten optimale Voraussetzungen für diese Entwicklung.

Eine Analyse des Handlungsbedarfs sollte nicht nur theoretisch, sondern vor allen Dingen aus der Praxis abgeleitet werden. Wir dürfen nämlich nicht übersehen, daß es in unserem Lande inzwischen Tausende von einsichtigen Unternehmern und Vorständen gibt, die sich um den partnerschaftlichen Arbeitsstil bemühen. Auch verschiedene Initiativen in anderen Ländern bestätigen den Entwicklungstrend. Zwar mag es noch Jahre oder Jahrzehnte dauern, bis aus den Pioniererfolgen einzelner allgemeine Überzeugung und Praxis geworden sind. Denn der Weg zur Umsetzung des partnerschaftlichen Arbeitsstils ist wahrhaftig nicht einfach und bedarf eines langwierigen Lernprozesses. Eines Tages aber wird die partnerschaftliche Konzeption zur alltäglichen Praxis und zur Konvention herangereift sein. Ich bin überzeugt, daß der durch diese Unternehmenskonzeption ermöglichte größere Erfolg den Wandlungsprozeß vorantreiben wird.

Wenn ich für die Initiative der Unternehmer plädiere, so könnte man fragen, welche Impulse sie bewegen sollten, ein so schwieriges Unterfangen zu beginnen. Die nächstliegende Antwort darauf ist der Hinweis auf die größere Erfolgsmöglichkeit. Und in der Tat wird dieses Argument auch am ehesten diejenigen überzeugen, denen menschliche Zielsetzungen weniger bedeuten. Ein Unternehmer will nicht zu den Verlierern gehören. Das ist ein wichtiges Argument zugunsten des partnerschaftlichen Modells. Aber ein auf Menschlichkeit basierendes Unternehmenskonzept kann ohne eigenes menschliches Engagement kaum funktionsgerecht gestaltet werden; reines Nützlichkeitsdenken reicht da nicht aus. Wer nicht begreift, daß diese Arbeitsform eine Einordnung persönlicher Bestrebungen in die Zielsetzung des gesamten Unternehmens inklusive seiner Mitarbeiter verlangt, wird diese menschlich-politische Aufgabe kaum bewältigen können.

Unsere Zeit will mit gutem Grund möglichst allen Menschen einen großen Spielraum zur Selbstverwirklichung gewähren. Auch dabei zeigt sich aber, daß persönliche Freiheit ihre Grenzen an den berechtigten Interessen anderer Menschen findet. Auch der Unternehmer muß deshalb begreifen, daß sein Streben nach Selbstverwirklichung die Anerkennung der Ansprüche der betrieblichen Gemeinschaft einschließt. Erst wer das verstanden hat, kann mit der Einführung eines kooperativen und partnerschaftlichen Arbeitsstils in seinem Unternehmen beginnen. – Diese Voraussetzung durfte ich nicht verschweigen, aber sie soll nicht abschrecken. Ich bin überzeugt, daß der unternehmerische Mensch in seinem eigenen wohlverstandenen Interesse den Gemeinschaftsbezug seiner Funktion begreifen wird. Dann bedarf es nur noch des notwendigen Freiraums für seine Initiative und Kreativität. Da allerdings steht insbesondere der angestellte Manager vor einem mächtigen Hindernis: dem Egoismus und Unverstand des Kapitals.

Das Kapital davon zu überzeugen, daß es »lohnend« sein könnte, die Mitarbeiter am Gewinn und Kapital des Unternehmens zu beteiligen, ist ein schwieriges Unterfangen. Wenn es schon nicht einfach ist, dem Unternehmer-Eigentümer eine partnerschaftliche Verhaltensweise nahezulegen, wieviel schwieriger muß es dann sein, einem Aktionär ohne Führungsverantwortung das Unternehmenskonzept verständlich zu machen. Der amerikanische Nobelpreisträger Milton Friedman erklärte dazu sehr drastisch und in typisch amerikanischem Stil, daß alle freiwilligen sozialen Aufwendungen des Unternehmens ein Betrug an den Aktionären seien. Solch eine Formulierung dürfte man hierzulande nicht mehr als zeitgemäß empfinden. Aber der alleinige Gewinnanspruch des Kapitals wird auch bei uns erst sehr vereinzelt in Frage gestellt.

Bei Menschen, die keine Ahnung haben, wie sich der Produktionsprozeß in der Wirtschaft abspielt, ist das verständlich. Auch der typische Kleinaktionär denkt eher in den überkommenen Begriffen des Eigentums und des Gewinnanspruchs des Kapitals. Für ihn ist es in der Tat schwer zu verstehen, warum über den Lohn hinaus Aufwendungen für die Motivation der Mitarbeiter einen Sinn haben könnten. Sein Verständnis wird um so mehr erschwert, wenn dadurch eigene Dividendeninteressen gefährdet erscheinen.

Die Zusammenhänge sowohl dem Aktionär als auch der Öffentlichkeit zu erklären, ist heute eine Aufgabe des Managements. Jedermann, insbesondere auch die Kapitalvertreter, muß begreifen, daß die radikal veränderte Aufgabenstellung unserer Wirtschaft nur noch von motivierten und engagierten Führungskräften und Mitarbeitern bewältigt werden kann. Vielleicht ist eine solche Erkenntnis für das Kapital schockierend. Die Position des Kapitals als Wirkungskomponente und Erfolgsfaktor im Unternehmen ist nämlich heute auf die letzte Stelle gerutscht – nach den Faktoren Management und Mitarbeiter. Allerdings wäre es gut, wenn sich das Verhältnis zwischen Kapital, Management und Mitarbeitern eines Tages wenigstens wieder in Richtung einer Drittelparität verschieben würde. Solch eine Entwicklung zeichnet sich aber noch nicht ab. Augenblicklich muß es deshalb die Aufgabe eines qualifizierten Managements sein, auch den kleinen Aktionären deutlich zu machen, daß der Arbeitsstil des partnerschaftlichen Unternehmens im Interesse des Unternehmens und somit auch im Interesse des Kapitals liegt.

Angesichts des vor uns liegenden Wandlungsprozesses darf man das Kapital in seiner Lernfähigkeit nicht überfordern. Jedenfalls würde ich es derzeit nicht wagen, in einer Hauptversammlung über die Einführung des vollständigen Systems eines partnerschaftlichen Unternehmens abstimmen zu lassen. Richtiger erscheint mir ein Lernprozeß der kleinen Schritte. Dabei sollte man mit der Führungstechnik anfangen und erst später die Bausteine des partnerschaftlichen Modells realisieren, welche die Mitwirkung des Kapitals erfordern. Und auch dann noch würde ich schrittweise vorgehen und darauf bedacht sein, dem Kapital die Schlüssigkeit jeder Neuerung zu beweisen. Der Streit zwischen Kapital und Arbeit hat uns zu lange beschäftigt und viel Geld gekostet. Daraus sollten wir lernen und die jetzt anstehende Evolution in kooperativer Weise gestalten. Wir können dabei darauf vertrauen, daß der Erfolg für das partnerschaftliche System sprechen wird. Die Zeit, das zu beweisen, müssen wir uns alle zubilligen.

Ein Vergleich mit parallelen Entwicklungen im Ausland ist aufschlußreich – und hilfreich. Während sich die sozialistischen oder demokratisch verfaßten Unternehmen in anderen Ländern als unfähig zur Fortentwicklung und Leistungssteigerung erweisen, zeigen Erfahrungen in Japan und in den USA, wozu die Firmen von der Motivation ihrer Mitarbeiter getragen werden. Auch dort verwendet man die verschiedenen Elemente des partnerschaftlichen Arbeitsstils von der Führungstechnik über die Mitsprache der Mitarbeiter bis zu ihrer Beteiligung. Die Wirtschaft der USA hat dabei den unschätzbaren Vorteil, in einem weniger reglementierten Land zu arbeiten. Leider wird bei uns der Fortschritt durch gesetzliche, bürokratische und tarifliche Hindernisse ganz erheblich gebremst.

Sobald die Unternehmensführungen die Dynamik des partnerschaftlichen Arbeitsstils erfaßt haben, wird es ihnen auch gelingen, das Kapital von seinem neuen Rollenverständnis zu überzeugen. Dabei sollte man zugleich bemüht sein, die Interessenwahrnehmung beziehungsweise den Einfluß des Kapitals wieder wirkungsvoller zu gestalten.

Von einer Perfektionierung der Hauptversammlung verspreche ich mir in dieser Hinsicht weniger als von einer besseren Repräsentanz des Kapitals durch einen qualifizierteren Aufsichtsrat. Daß dies eine realistische Zielsetzung ist, zeigen viele Beispiele exzellenter Firmen in den USA und in Europa. Die Änderung einer Reihe von überlieferten Prozeduren bei der Wahl des Aufsichtsrats und der Gestaltung seiner Arbeitsweise ist dann allerdings unerläßlich. Aber ein solcher Prozeß stellt in Wirklichkeit nur ein Stück moderner Führungstechnik dar, die begriffen und erlernt werden kann. Eine bessere Vertretung des Kapitals würde übrigens auch den Weg zum partnerschaftlichen Modell sehr viel schneller ebnen.

Für jene Personengesellschaften und Familienbetriebe, die nicht an der Börse eingeführt sind, möchte ich in diesem Zusammenhang auf die Möglichkeit der Kapitalbildung verweisen, die durch die Mitarbeiterbeteiligung gegeben ist. Eine Einflußnahme auf die Geschäftsführung ist dadurch in keiner Weise gegeben; entsprechende rechtliche Gestaltungsmöglichkeiten kennt jeder Wirtschaftsberater. Im übrigen sind die Mitarbeiter auch nicht so uneinsichtig, über die Gesellschafterversammlung eine neue Mitbestimmungspolitik anstreben zu wollen. Unsere Mitarbeiter sind an materieller Gerechtigkeit und einer entsprechenden Gewinnbeteiligung interessiert. Und da meine ich, haben sie recht. Den Unternehmern aber, die nach mehr Gewinn streben, möchte ich versichern, daß die Beteiligung der Führungskräfte und der Mitarbeiter am Erfolg ein probates Mittel für eine erfolgreichere Geschäftspolitik ist.

Bei der Einschätzung des Gewerkschaftsstandpunktes zur betrieblichen Partnerschaft geraten wir an ein komplexes Thema. – Daß unsere Mitarbeiter, sofern sie ein eigenes Urteil haben, das partnerschaftliche Modell akzeptieren, ist ganz offenkundig. Dies ist so oft und an so vielen Beispielen bewiesen worden, daß man es heute nicht mehr in Abrede stellt. Die Betriebsräte nehmen allerdings eine eher ambivalente Haltung ein. Sie sind gewohnt und geschult, die Wahrnehmung der Interessen der Mitarbeiter nach den Richtlinien der Gewerkschaft vorzunehmen. Die Haltung der Gewerkschaften zu Kooperation und Partnerschaft ist aber eher negativ als unentschieden. – Allerdings lösen sich mehr und mehr Betriebsräte von der gewerkschaftlichen Bevormundung und entscheiden nach ihrem eigenen Urteil. Diese Entwicklung zeichnet sich nicht selten auch in den mitbestimmten Aufsichtsräten ab. Das kann nicht überraschen. Denn wer die Probleme der betrieblichen Arbeit aus eigener Erfahrung kennt, ist weniger geneigt, für Dogmen zu streiten.

So stehen wir also vor der bemerkenswerten Situation, daß sich die Führung einer demokratischen Organisation gegen die Interessen der Mehrheit ihrer Wähler stellt. In unserem eigenen Unternehmen haben wir bei der Einführung der Gewinnbeteiligung und flexiblerer Arbeitszeiten solche Reaktionen sehr drastisch erlebt. Man könnte nun die Frage aufwerfen, ob die Politik des DGB und der einzelnen Gewerkschaften vielleicht nur vordergründig der Interessenlage ihrer Mitglieder entgegensteht. Es wäre ja immerhin vorstellbar, daß die Führung der Gewerkschaft überzeugt ist, die partnerschaftliche Kooperation in der Wirtschaft sei eine Utopie und damit gegen die wohlverstandenen Interessen ihrer Mandanten gerichtet. Das könnte so sein, aber dann wäre ein solches Verhalten unserer Gewerkschaft ein Zeugnis des Mißtrauens in das Grundprinzip der Demokratie – die Achtung vor der Urteilsfähigkeit des Menschen.

Eine demokratische Führung hat die Pflicht, ihre Wähler zu informieren und zu überzeugen. Wenn ich dem Einsichtsvermögen meiner Wähler so weitgehend mißtraue, stelle ich damit die Grundlage demokratischer Ordnung in Frage. Und dann muß ich mir die Frage gefallen lassen, ob ich noch im Interesse meiner Mandanten oder aber lediglich im Interesse der Aufrechterhaltung des Führungsanspruchs der Funktionärshierarchie handele. – Wie auch immer: Das Konzept des partnerschaftlichen Unternehmens ist nun einmal da – und unsere Gewerkschaften werden sich mit ihm auseinanderzusetzen haben.

In diesem Stadium des Meinungsbildungsprozesses sollte jeder, der den Fortschritt unserer Gesellschaft wünscht, um einen sachlichen und konstruktiven Dialog bemüht sein. Wer die zur Debatte stehende Materie kennt, weiß, wie schwierig und komplex das ist. Insbesondere gilt das auch für die Meinungsbildung unserer Gewerkschaften. Ein faires Gespräch wird in dieser Situation der Entwicklung eher dienlich sein als Rechthaberei und Sturheit.

Die Position der deutschen Gewerkschaften ist immer noch sehr geprägt durch die Erfahrungen der vergangenen hundert Jahre. Ohne eine Konfliktstrategie wäre in diesem Zeitraum wenig zu bewegen gewesen. Um so fremdartiger und radikaler muß da der Gedanke eines kooperativen Stils der Zusammenarbeit erscheinen. Wieviel überzeugender klingt noch heute der Einwand, daß Interessengegensätze immer vorhanden waren und auch in der Zukunft bestehen werden. Aber eine solche Überlegung übersieht, daß bei einem reduzierten Konfliktpotential und dem heutigen Zwang zur Kooperation Differenzen nach ganz anderen Verhaltensmustern ausgeglichen werden müssen und können.

Eben deshalb ist es so bedauerlich, daß die Führung unserer Gewerkschaften sich zwar in den demokratischen Spielregeln auskennt, wenig jedoch in der Führungstechnik der Wirtschaft. Denn nicht nur Mitsprache und Mitbestimmung setzen solche Kenntnisse voraus. Auch der kooperative Arbeitsstil im Unternehmen verlangt dies – und zwar sowohl um soziale oder gesellschaftliche Entwicklungen als auch um die Forderung nach menschlicher Gestaltung der Arbeitswelt durchzusetzen. Hier ergibt sich ein gravierender Bruch mit der Gewerkschaftspraxis der Vergangenheit. Früher verlieh schon die Position der Macht die Chance, soziale Forderungen durchzusetzen. Die heutige Entwicklung erfordert nun auch die Beherrschung der Führungstechnik und damit erhebliche berufliche Fachkenntnis.

Das alles führt zwangsläufig zu dem Schluß, daß unsere Gewerkschaften eine neue Definition ihrer Aufgabe vornehmen und dementsprechende Verhaltensformen entwickeln müssen. Unter gar keinen Umständen werden in der Zukunft auf oberster Ebene und zentralistisch noch Detailregelungen für den betrieblichen Alltag ausgehandelt werden können. Die einzige Antwort für die Gewerkschaftsstrategie heißt deshalb, durch Richtlinien führen und sich darauf beschränken, die Einhaltung derselben zu überwachen. Die Umsetzung fast aller Beschlüsse muß in Zukunft auf der betrieblichen Ebene erfolgen, und hier sind das Management und die Betriebsräte federführend.

Auch ihre Einstellung zur Beteiligung der Mitarbeiter am Unternehmen müssen die Gewerkschaften überdenken. Nach der jahrzehntelangen ablehnenden Haltung kommt es nun unter dem Druck erfolgreicher Beispiele zu einer Schwenkung; es ist interessant, das zu beobachten. Zwar verschanzt man sich noch immer hinter Lösungsmodellen, die das Kapitalrisiko minimieren und wohl auch den Einfluß der Gewerkschaften stärken sollen. Über solche Bemühungen wird die Zeit aber hinweggehen. Die gewerkschaftlichen Einwände und Zielvorstellungen sind in dieser Hinsicht ganz einfach zu wenig sachgerecht.

Hilfreich für die Formulierung einer besseren Strategie wäre neben führungstechnischer Sachkenntnis auch eine stärkere Berücksichtigung der Meinung an der betrieblichen Basis. Und da sollte sich die Gewerkschaft nicht täuschen: Unsere Mitarbeiter wollen einerseits die Gewinnbeteiligung und halten andererseits wenig von der wirtschaftlichen Führungskompetenz ihrer Gewerkschaft. So beeindruckt zum Beispiel der Einwand des Beteiligungsrisikos im Crash-Fall, möglicherweise gekoppelt mit dem Verlust des Arbeitsplatzes, in Wirklichkeit die Mitarbeiter wenig. Diese gewerkschaftliche Argumentation ist ja auch nicht sehr überzeugend: Wenn eine Beteiligung wirklich so gefährlich wäre, würde sich wohl kaum jemand dafür interessieren. Unsere Mitarbeiter denken jedenfalls ganz anders darüber. – Dem Argument des doppelten Risikos im Falle des Arbeitsplatzverlustes könnte man übrigens sehr leicht durch die Ausgabe börsenfähiger Beteiligungspapiere begegnen. Jeder Mitarbeiter kann dann nach seiner eigenen Einschätzung einem finanziellen Risiko durch den Verkauf der Papiere ausweichen.

In den USA gehört derzeit mehr als die Hälfte des gesamten Aktienkapitals der Wirtschaft den überwiegend von Mitarbeitern verwalteten betrieblichen Pensionsfonds. Das Fondsmanagement legt das Kapital genau wie alle anderen Anlagefonds in Aktien an – und verkauft die Papiere, wenn es ihm ratsam erscheint. Die wenigen von Gewerkschaften geführten Pensionsfonds haben statt Aktien »risikofreie« Staatsanleihen gekauft. Sie erzielten damit das miserabelste Ergebnis aller Pensionsfonds in Amerika – bis zur wirtschaftlichen Pleite ihrer Fonds. Ähnlich wie bei unserer Mitbestimmungsproblematik in Deutschland muß man da wohl folgern: »Schuster, bleib bei deinem Leisten!«

Die weiteren Einwände der Gewerkschaften gegen eine Kapitalbeteiligung möchte ich hier nur kurz abhandeln. Eine Gewinnbeteiligung darf keineswegs als Kompensation für andere berechtigte Forderungen verstanden werden. Die Vertretung von Gruppeninteressen – und damit die Arbeit der Tarifpartner – wird dadurch also nicht überflüssig. Es ist zuzugeben, daß eine Gewinnbeteiligung unternehmensintern zwar gerechter ist, im Verhältnis zu anderen Betrieben und deren Mitarbeitern kann sie aber ein soziales Gefälle schaffen. Hier müssen wir abwägen: Ist es wichtiger, Gleichheit in der gesamten Wirtschaft zu wahren oder den wirtschaftlichen Erfolg der tüchtigeren Unternehmen gerechter zu verteilen? Es ist mir deutlich, daß man diese Frage unterschiedlich beantworten kann, und ich kenne auch den Standpunkt der Gewerkschaft dazu. Ich selbst halte die bei jedem Tarifabschluß aufs neue dokumentierte Gleichheitsstrategie der Gewerkschaften weder für menschlich noch für gerecht. Wenn die Gewerkschaften wirklich das wirtschaftliche Los ihrer Mandanten verbessern wollen, müssen sie in unserer Zeit nicht so sehr eine Gleichheits- und damit eine Umverteilungsstrategie betreiben, sondern sich an besseren Leistungen unserer Betriebe interessiert zeigen. Solche Leistungen sind aber am besten zu erzielen durch beteiligte und motivierte Mitarbeiter. – Die Geschichte der Entwicklung der privaten Pensionsfonds in der deutschen Wirtschaft mag dazu vergleichend herangezogen werden. Die deutschen Pensionsfonds haben sicherlich, je nach der Initiative einzelner Unternehmen, weniger Gleichheit bewirkt. Aber sollten wir deshalb wohl auf diese Institutionen und ihre Wirkungen verzichten?

Könnten sich die Gewerkschaften dazu aufraffen, die Beteiligungsproblematik in der Wirtschaft sachgerecht mitzugestalten, so würden sie damit ihren Mandanten, unserer Wirtschaft und unserer Gesellschaft einen großen Dienst erweisen. Sie könnten dazu beitragen, das kapitalistische System menschlicher und wirkungsvoller zu gestalten. Unsere Mitarbeiter könnten sogar als Beteiligte wieder Aufgaben wahrnehmen, die das klassische Kapital verlernt hat. Die Gewerkschaft selbst aber hätte einen Durchbruch erzielt und bewiesen, daß sie die Aufgabenstellung der Zukunft in unserer Wirtschaft verstanden hat. Solch eine Strategie erscheint mir im Interesse der Gewerkschaften und des ihnen erteilten Auftrages zukunftsträchtiger als der Versuch, bewährte, aber überholte Positionen zu verteidigen.

Am Schluß will ich hinsichtlich des partnerschaftlichen Unternehmensmodells ein Fazit ziehen und eine Prognose für die weitere Entwicklung wagen. Meines Erachtens können vernünftige und glaubhafte Argumente gegen diese Unternehmensform nicht mehr vorgebracht werden. Auch das vielleicht gewichtigste Argument, daß wir die Beteiligten, insbesondere die Kapitalvertreter, überfordern, erscheint mir nicht stichhaltig. Diese Hindernisse lassen sich im Rahmen der vor uns liegenden Lernprozesse überwinden.

So rufe ich Politiker, Unternehmer, Gewerkschaftler und vor allem unsere Mitarbeiter auf, in die Diskussion einzutreten. Die heutigen Schwierigkeiten, die Interessenkonflikte in der Welt der Arbeit mit den überkommenen Methoden zu harmonisieren, werden uns täglich demonstriert. Um so mehr sollten wir bereit sein, neue Wege zu erkunden.

Der Prozeß der Abklärung und der Realisierung erfordert viel Zeit und Lernbereitschaft. Fairneß und guter Wille müssen im Interesse der Sache von allen Beteiligten aufgebracht werden. Aber wir wissen schon heute, daß wir ein realistisches Ziel verfolgen. Und immer deutlicher werden wir erkennen, welche Wirkungen wir mit dem partnerschaftlichen Stil der Unternehmensführung erzielen können.

Das Nachdenkenken, die Kompromißbereitschaft und die Anstrengung werden sich lohnen. Die konstruktiven Möglichkeiten des partnerschaftlichen Konzepts versprechen mehr wirtschaftlichen Erfolg, Selbstverwirklichung und Sicherheit als alle Bemühungen, durch immer mehr gesetzliche Regulierungen ein menschenwürdigeres Leben zu erreichen. Der Kooperation und der Selbstverwirklichung in der Wirtschaft wird die Zukunft gehören.

CIP-Kurztitelaufnahme der Deutschen Bibliothek

Mohn, Reinhard: Erfolg durch Partnerschaft / Reinhard Mohn. –
Berlin: Siedler, 1986
ISBN 3-88680-253-1

Satz: Mohndruck, Gütersloh
Druck und Buchbinder: Mohndruck, Gütersloh

Printed in Germany 1986
ISBN 3-88680-253-1